W0345328

Titelrezept

Mandarinen-Lollis (10 Stück)

1 Dose Mandarinen
(Abtropfgewicht 175 g)

Für den Quark-Öl-Teig:
250 g Weizenmehl
3 gestr. TL Dr. Oetker Backin
50 g Zucker
1 Pck. Dr. Oetker Vanillin-Zucker
125 g Magerquark
75 ml Milch
75 ml Speiseöl, z. B. Sonnenblumenöl

Zum Bestreichen:
1 Ei (Größe M)
2 EL Milch

Für den Guss:
100 g gesiebter Puderzucker
1–2 EL Mandarinensaft

etwas rote Speisefarbe nach Belieben
bunte Liebesperlen

Außerdem:
10 Holzspatel oder -stäbchen

1. Mandarinen in einem Sieb abtropfen lassen, dabei den Saft auffangen. Für den Teig Mehl mit Backpulver mischen und in eine Rührschüssel sieben. Restliche Teigzutaten hinzufügen und mit Handrührgerät mit Knethaken erst kurz auf niedrigster, dann auf höchster Stufe zu einem glatten Teig verarbeiten.

2. Den Teig halbieren. Eine Hälfte auf einer bemehlten Arbeitsfläche dünn ausrollen und mit einer runden gezackten Ausstechform (Ø etwa 8 cm) 10 Kreise ausstechen. Restlichen Teig auf die gleiche Weise verarbeiten.

3. Zum Bestreichen Ei mit Milch verschlagen. 10 Teigkreise auf ein Backblech (mit Backpapier belegt) legen. Die Mandarinen in die Mitte der Teigkreise geben. Die Ränder der Teigkreise mit etwas von der Eiermilch bestreichen. Die restlichen 10 Teigkreise auf die belegten Teigkreise legen, dabei die Ränder fest andrücken. Die Teigoberflächen mit der restlichen Eiermilch bestreichen.

4. Das Backblech in den Backofen schieben.

Ober-/Unterhitze: etwa 180 °C (vorgeheizt)
Heißluft: etwa 160 °C (vorgeheizt)
Gas: Stufe 2–3 (vorgeheizt)
Backzeit: 15–20 Minuten.

5. Sofort nach dem Backen waagerecht, bis mindestens zur Mitte einen Holzspatel oder ein Holzstäbchen in die Gebäckstücke stecken. Mandarinen-Lollis auf einem mit Backpapier belegten Kuchenrost erkalten lassen.

6. Für den Guss Puderzucker mit soviel von dem Mandarinensaft verrühren, dass eine dickflüssige Masse entsteht. Den Guss nach Belieben mit Speisefarbe einfärben. Die Oberfläche der Mandarinen-Lollis mit dem Guss bestreichen und mit Liebesperlen bestreuen. Guss trocknen lassen.

Zubereitungszeit:
30 Minuten, ohne Kühl- und Trockenzeit
Backzeit: 15–20 Minuten

Pro Stück:
E: 5 g, F: 9 g, Kh: 41 g,
kJ: 1123, kcal: 268

(Das dritte Titelrezept finden Sie auf der inneren Umschlagseite hinten.)

Dr. Oetker

Backen am Stiel

im Glas & im Tontopf

Dr. Oetker

Backen am Stiel

im Glas & im Tontopf

Dr. Oetker Verlag

Vorwort

Zugegeben – Backen am Stiel, im Glas und im Tontopf ist etwas ungewöhnlich, aber diese kleinen Kuchen sorgen für eine gelungene Überraschung in einer netten Kaffeerunde, zum Kindergeburtstag oder als persönliches Geschenk.
Kuchen am Stiel sehen aus wie Eis am Stiel, zerlaufen und kleckern aber nicht.
Kuchen im Glas können auf Vorrat gebacken werden und eignen sich hübsch verpackt hervorragend als kleine Mitbringsel, für Feiern oder zum Picknick.
Kuchen im Tontopf bestechen durch ihre eigenen Formen und unterschiedlichen Größen. Vor dem Genießen bieten sie die Möglichkeit, als Tischdekorationen zum Einsatz zu kommen.

Die Rezepte wurden von Dr. Oetker ausprobiert und sind so beschrieben, dass sie leicht nachzuarbeiten sind.

Einführung

Backen am Stiel

Die Vielfalt von Kuchen am Stiel ist fast unbegrenzt. Denn neben den in diesem Buch vorgestellten Rezepten ist Ihrer eigenen Phantasie im Hinblick auf das Aussehen von Kuchen am Stiel fast keine Grenze gesetzt.

Die Teige von Kuchen am Stiel können, je nach Teigart, in Formen oder auf dem Backblech gebacken oder ausgerollt und ausgestochen oder mit der Hand geformt werden.

Die Holzstäbchen werden dabei entweder mitgebacken oder kurz nach dem Backen in die Gebäckstücke gesteckt.

Geeignet als Stiele sind Eisspatel, Stäbchen bzw. Rührstäbchen und Mundspatel aus Buchenholz sowie einfache, unlackierte Holz-Essstäbchen. Weitere Hinweise dazu finden Sie im Ratgeber auf Seite 92.

Garnieren und verzieren können Sie die ungewöhnlichen Kuchen mit Schokoladenguss, verschiedenen Puderzuckerglasuren, bunten Zuckerstreuseln, Zuckerperlen, Nüssen oder Sie bestäuben sie einfach mit etwas Puderzucker oder Kakaopulver.

Backen im Glas

Kuchen im Glas sind eine ideale Möglichkeit, auf Vorrat zu backen bzw. Freunden und Bekannten mit hübsch verpackten Gläsern eine Freude zu machen.

Der Kuchen bleibt im dicht verschlossenem Glas mehrere Wochen frisch und schmeckt nach dem Öffnen der Gläser wie frisch gebacken.

Es eignen sich Einmachgläser mit gerader Form, so genannte Sturzformen, die ein Stürzen der Kuchen aus den Gläsern ermöglichen.

Günstig sind Glasergrößen von 160 ml, 250 ml, 500 ml und 750 ml Inhalt. Weitere Hinweise zu den Gläsern und zum Backen im Glas finden Sie im Ratgeber auf den Seiten 92/93.

Abkürzungen

EL	=	Esslöffel
TL	=	Teelöffel
Msp.	=	Messerspitze
Pck.	=	Packung/Päckchen
g	=	Gramm
kg	=	Kilogramm
ml	=	Milliliter
l	=	Liter
evtl.	=	eventuell
geh.	=	gehäuft
gestr.	=	gestrichen
TK	=	Tiefkühlprodukt
°C	=	Grad Celsius
Ø	=	Durchmesser
E	=	Eiweiß
F	=	Fett
Kh	=	Kohlenhydrate
kcal	=	Kilokalorien
kJ	=	Kilojoule

Backen im Tontopf

Kuchen aus dem Tontopf bestechen durch ihre außergewöhnlichen Formen, die sie auf Grund ihrer ungewöhnlichen „Backformen“ bekommen. Besonders zur Geltung kommen diese Kuchen zum Beispiel, wenn sie mit ihrer „Backform“ als Tischdekoration auf einer Kaffeetafel oder auf einem Party-Büfett arrangiert werden.

Sie können diese Kuchen in normalen Blumen-, Rosen- und Glockentontöpfen (siehe Foto oben rechts) verschiedener Größen backen.

Geeignet sind ausschließlich neue unglasierte bzw. unlackierte Tontöpfe aus dem Bau- oder Gartenmarkt. Der Durchmesser der Töpfe sollte nicht kleiner als 5 cm und nicht größer als 20 cm sein, damit die gefüllten Töpfe zum einen auf dem Backofenrost genügend Halt haben und zum anderen, damit die Kuchen gut durchgebacken werden. Die Höhe der Töpfe sollte 14 cm nicht überschreiten, damit der aufgegangene Teig beim Backen nicht zu stark bräunt bzw. der Topf genügend Platz im Backofen hat. Die Tontopfgrößen und -formen werden in jedem Rezept angegeben, weitere Hinweise zum Backen im Tontopf finden Sie im Ratgeber auf Seite 93.

Einschubhöhe von Backblechen und Rosten

Backbleche und Roste werden im Allgemeinen in der Mitte des Backofens eingeschoben, Abweichungen davon sind in den jeweiligen Rezepten angegeben.

Beim Backen im Glas und im Tontopf ist zu beachten, dass sich die gefüllten Gläser bzw. Tontöpfe in der Mitte des Backofens befinden. Das heißt, höhere Gläser bzw. Tontöpfe weden im unteren Drittel eingeschoben, kleinere dagegen in der Mitte des Backofens.

Hinweise zu den Rezepten

Lesen Sie bitte vor der Zubereitung – besser noch vor dem Einkaufen – das Rezept einmal vollständig durch. Oft werden Arbeitsabläufe oder -zusammenhänge dann klarer.

Die in den Rezepten angegebenen Backtemperaturen und -zeiten sind Richtwerte, die je nach individueller Hitzeleistung des Backofens über- oder unterschritten werden können. Bitte beachten Sie deshalb bei der Einstellung des Backofens die Gebrauchsanweisung des Herstellers und machen Sie nach Beendigung der Backzeit eine Garprobe.

Zubereitungszeiten

Die Zubereitungszeit beinhaltet nur die Zeit für die eigentliche Zubereitung, die Backzeiten sind gesondert ausgewiesen. Längere Wartezeiten, wie z. B. Kühlzeiten, sind ebenfalls nicht mit einbezogen.

Kuchen am Stiel

Sind der Hit für jede Party –
so machen Sie Ihren Kleinen und Großen
eine besondere Freude.

Fruchtig

Spiegeleier am Stiel
(12 Stück)

1 Aprikosenhälften in einem Sieb abtropfen lassen. Für den Teig Butter oder Margarine mit Handrührgerät mit Rührbesen auf höchster Stufe geschmeidig rühren. Nach und nach Zucker, Vanillin-Zucker und Salz unterrühren. So lange rühren, bis eine gebundene Masse entstanden ist.

2 Eier nach und nach unterrühren (jedes Ei etwa ½ Minute). Aroma unterrühren. Mehl mit Speisestärke und Backpulver mischen, sieben und in 2 Portionen auf mittlerer Stufe unterrühren.

3 Jeweils 6 gleich große Teighäufchen mit einem Esslöffel mit soviel Abstand auf zwei Backbleche (mit Backpapier belegt) geben, dass die Holzspatel noch eingeschoben werden können. Teighäufchen mit einem angefeuchteten Esslöffelrücken zu einem leichten Oval verstreichen. In jedes Teigoval waagerecht einen Holzspatel mindestens bis zur Mitte in den Teig schieben.

4 Auf jedes Teigoval mittig eine Aprikosenhälfte legen, diese etwas andrücken. Die Backbleche nacheinander (bei Heißluft zusammen) in den Backofen schieben.

Ober-/Unterhitze: etwa 180 °C (vorgeheizt)
Heißluft: etwa 160 °C (vorgeheizt)
Gas: Stufe 2–3 (vorgeheizt)
Backzeit: 20–25 Minuten je Backblech.

5 Die Backbleche auf Kuchenroste stellen und das Gebäck erkalten lassen. Zum Bestreichen Aprikosenkonfitüre mit Wasser in einem kleinen Topf unter Rühren kurz aufkochen, dabei große Aprikosenstücke mit einer Gabel zerdrücken. Die heiße Konfitüre auf die Aprikosen streichen.

6 Für den Guss Puderzucker mit soviel Zitronensaft verrühren, dass eine dickflüssige Masse entsteht. Die Gebäckstücke um die Aprikosen herum mit dem Guss bestreichen. Den Rand der Spiegeleier mit Krokant bestreuen und andrücken. Den Guss trocknen lassen.

12 Aprikosenhälften, aus der Dose (Abtropfgewicht 240 g)

Für den Rührteig:
- 125 g weiche Butter oder Margarine
- 100 g Zucker
- 1 Pck. Dr. Oetker Vanillin-Zucker
- 1 Prise Salz
- 3 Eier (Größe M)
- 3 Tropfen Zitronen-Aroma
- 200 g Weizenmehl
- 50 g Speisestärke
- 1½ gestr. TL Dr. Oetker Backin

Zum Bestreichen:
- 1 EL Aprikosenkonfitüre
- 1 EL Wasser

Für den Guss:
- 150 g gesiebter Puderzucker
- 2–3 EL Zitronensaft

70 g Haselnuss-Krokant

Außerdem:
12 Holzspatel

Zubereitungszeit:
45 Minuten, ohne Abkühl- und Trockenzeit
Backzeit: 20–25 Minuten je Backblech

Pro Stück:
E: 4 g, F: 11 g, Kh: 47 g, kJ: 1282, kcal: 306

Hasengesichter
(12 Stück)

Für Kinder

Für den Hefeteig:

270 g Weizenmehl
1 Pck. Dr. Oetker Trockenbackhefe
1 gestr. EL flüssiger Honig
2 gestr. EL Zucker
150 ml lauwarme Milch
1 Eigelb (Größe M)
1 Prise Salz
30 g weiche Butter oder Margarine

Zum Bestreichen und Bestreuen:

1 Eiweiß (Größe M)
1 TL Wasser
2 EL Hagelzucker

Für den Guss:

80 g gesiebter Puderzucker
etwa 1 EL Zitronensaft

Zuckerschrift nach Belieben

Außerdem:

12 Holzspatel

Zubereitungszeit: 1 Stunde, ohne Teiggeh- und Abkühlzeit
Backzeit: 15–20 Minuten je Backblech

Pro Stück:
E: 4 g, F: 3 g, Kh: 29 g, kJ: 678, kcal: 162

1 Für den Teig Mehl in eine Rührschüsel sieben und mit der Trockenbackhefe sorgfältig vermischen. Honig, Zucker, Milch, Eigelb, Salz und Butter mit Handrührgerät mit Knethaken kurz auf niedrigster, dann auf höchster Stufe zu einem glatten Teig verarbeiten. Den Teig zugedeckt an einem warmen Ort so lange gehen lassen, bis er sich sichtbar vergrößert hat.

2 Den Teig leicht mit Mehl bestäuben, auf einer bemehlten Arbeitsfläche nochmals kurz durchkneten und zu einer etwa 24 cm langen Rolle formen. Die Teigrolle in 12 gleich große Scheiben schneiden, diese zu etwa 20 cm langen Strängen rollen. Die Stränge sollen in der Mitte, auf etwa 4 cm Länge ein dickes Stück haben und zu den Enden hin etwas flacher werden.

3 Die dünnen Enden jedes Stranges übereinander schlagen, so dass die Enden die Hasenohren ergeben und die dicke Mitte den Kopf. Die Teighasen auf zwei Backbleche (gefettet, mit Backpapier belegt) legen und etwa 10 Minuten ruhen lassen. Den Kopf evtl. etwas nachformen, jedoch durch das Aufgehen des Teiges beim Backen schließen sich vorhandene Teiglücken.

4 Zum Bestreichen und Bestreuen Eiweiß mit Wasser verschlagen und die Hasen damit bestreichen. Die Enden der Hasenohren mit Hagelzucker bestreuen. Die Backbleche nacheinander (bei Heißluft zusammen) in den Backofen schieben.

Ober-/Unterhitze: etwa 200 °C (vorgeheizt)
Heißluft: etwa 180 °C (vorgeheizt)
Gas: Stufe 3–4 (vorgeheizt)
Backzeit: 15–20 Minuten je Backblech.

5 Die Hasen mit dem Backpapier auf Kuchenroste ziehen und erkalten lassen. Dann die Holzspatel waagerecht, mindestens bis zur Mitte, in das Gebäck stecken.

6 Für den Guss Puderzucker mit soviel Zitronensaft verrühren, dass eine dickflüssige Masse entsteht. Den Guss in einen kleinen Gefrierbeutel füllen, eine kleine Ecke abschneiden und Augen, Nase und Barthaare auf die Hasen spritzen. Nach Belieben zusätzlich mit Zuckerschrift auf Nasen und Augen einen farbigen Klecks geben.

Mandeltaler am Stiel
(25 Stück)

Für den Teig:
- 200 g Marzipan-Rohmasse
- 1 Ei (Größe M)
- 1 Eiweiß (Größe M)
- 150 g Zucker
- 1 Prise Salz
- 30 g Weizenmehl
- 1–2 TL gemahlener Zimt
- ½ gestr. TL gemahlener Kardamom
- 200 g abgezogene, gemahlene Mandeln

Zum Garnieren:
- 75 g abgezogene, gehobelte Mandeln

Für den Guss:
- 100 g Zartbitterschokolade
- 100 g Vollmilchschokolade
- 10 g Kokosfett

Außerdem:
- 25 Holzspatel oder -stäbchen

Zubereitungszeit: 50 Minuten, ohne Abkühl- und Trockenzeit
Backzeit: 15–20 Minuten je Backblech

Pro Stück: E: 4 g, F: 12 g, Kh: 14 g, kJ: 759, kcal: 181

1 Für den Teig Marzipan-Rohmasse grob raspeln. Ei und Eiweiß mit Handrührgerät mit Rührbesen in 1 Minute schaumig schlagen. Zucker und Salz in 1 Minute einstreuen und die Masse weitere 2 Minuten schlagen.

2 Mehl mit Zimt und Kardamom mischen, sieben und kurz auf niedrigster Stufe unterrühren. Mandeln und Marzipanraspel kurz unterrühren.

3 Mit einem angefeuchteten Teelöffel 25 gleich große Portionen der Teigmasse abstechen und mit angefeuchteten Händen zu Kugeln formen. Die Kugeln mit soviel Abstand auf 3 Backbleche (gefettet, mit Backpapier belegt) legen, dass die Holzspatel bzw. -stäbchen noch eingeschoben werden können.

4 Je einen Holzspatel oder ein Holzstäbchen waagerecht bis zur Mitte in eine Kugel stecken. Die Kugeln mit angefeuchteten Fingern etwas flach drücken, so dass dicke Taler entstehen.

5 Die Backbleche nacheinander (bei Heißluft zusammen) in den Backofen schieben.

Ober-/Unterhitze: etwa 180 °C (vorgeheizt)
Heißluft: etwa 160 °C (vorgeheizt)
Gas: Stufe 2–3 (vorgeheizt)
Backzeit: 15–20 Minuten je Backblech.

6 Die Backbleche auf Kuchenroste stellen und die Taler erkalten lassen.

7 Zum Garnieren die Mandeln in einer Pfanne ohne Fett goldbraun rösten und dann erkalten lassen.

8 Für den Guss Schokolade in Stücke brechen. Schokoladenstücke mit Kokosfett in einem kleinen Topf im Wasserbad bei schwacher Hitze unter Rühren schmelzen.

9 Die Taler mit dem Guss bestreichen. Das Gebäck von beiden Seiten mit Mandeln bestreuen, auf Backpapier legen und den Guss trocknen lassen.

Kucheneis mit Schokokern
(8 Stück)

Einfach

Für den Rührteig:
- 150 g Butter oder Margarine
- 100 g Zucker
- 1 Pck. Dr. Oetker Bourbon-Vanille-Zucker
- 2 Eier (Größe M)
- 130 g Weizenmehl
- 20 g Speisestärke
- ½ gestr. TL Dr. Oetker Backin
- 8 Vollmilch-Schokoladenschnitten (75 g) oder dünne Schokotäfelchen

Für den Guss:
- 150 g Zartbitterschokolade
- 5 g Kokosfett

Außerdem:
- 8 Holzspatel

1 Für den Teig Butter oder Margarine mit Handrührgerät mit Rührbesen auf höchster Stufe geschmeidig rühren. Nach und nach Zucker und Vanille-Zucker unterrühren. So lange rühren, bis eine gebundene Masse entstanden ist. Eier nach und nach unterrühren (jedes Ei etwa ½ Minute).

2 Mehl mit Speisestärke und Backpulver mischen, sieben und in 2 Portionen auf mittlerer Stufe unterrühren. Schokoladenschnitten längs halbieren.

3 Die Hälfte des Teiges in eine Kucheneisform (8 Mulden, gefettet) füllen. Jeweils 2 Schokoladenhälften übereinander auf den Teig legen.

4 Restlichen Teig darauf verteilen und glatt streichen. Die Form auf dem Rost in den Backofen schieben.

Ober-/Unterhitze: etwa 180 °C (vorgeheizt)
Heißluft: etwa 160 °C (vorgeheizt)
Gas: Stufe 2–3 (vorgeheizt)
Backzeit: 15–20 Minuten.

5 Die Form auf einen Kuchenrost stellen. Das Gebäck abkühlen lassen, dann aus der Form lösen. Jeweils einen Spatel möglichst waagerecht bis zur Mitte in die Gebäckstücke stecken und auf dem Kuchenrost erkalten lassen. Überstehende Gebäckkanten mit einer Küchenschere abschneiden.

6 Für den Guss Schokolade in Stücke brechen, mit Kokosfett in einem kleinen Topf im Wasserbad bei schwacher Hitze unter Rühren schmelzen.

7 Jedes Kucheneis von beiden Seiten mit dem Schokoladenguss bestreichen und auf Backpapier trocknen lassen.

Tipp:
Nach Belieben das Kucheneis am Stiel unter Punkt 7 zusätzlich mit bunten Zuckerperlen bestreuen.

Zubereitungszeit:
etwa 30 Minuten, ohne Abkühl- und Trockenzeit
Backzeit: 15–20 Minuten

Pro Stück:
E: 6 g, F: 27 g, Kh: 40 g, kJ: 1812, kcal: 433

Nikolaushäuser am Stiel
(10 Stück)

Für den Teig:
- 80 g Butter oder Margarine
- 120 g flüssiger Honig
- 80 g Zucker
- 1 Ei (Größe M)
- 270 g Weizenmehl
- 1 gestr. TL Dr. Oetker Backin
- 1 gestr. TL Lebkuchengewürz
- 1 Pck. Dr. Oetker Finesse Geriebene Zitronenschale

Zum Verzieren und Garnieren:
- 120 g gesiebter Puderzucker
- 1–2 EL Zitronensaft
- bunte Speisefarbe nach Belieben
- bunte Fruchtgummiteilchen

Außerdem:
- 10 Holzspatel
- Pappkarton für eine Schablone

Zubereitungszeit: 70 Minuten, ohne Kühl- und Trockenzeit
Backzeit: 10–15 Minuten je Backblech

Pro Stück: E: 4 g, F: 8 g, Kh: 54 g, kJ: 1262, kcal: 301

1 Für den Teig Butter oder Margarine mit Honig und Zucker in einem Topf unter Rühren erwärmen, bis die Butter oder Margarine zerlassen und der Zucker gelöst ist. Die Honigmasse in eine Rührschüssel geben und abkühlen lassen. Das Ei unter die fast erkaltete Masse rühren.

2 Mehl mit Backpulver und Lebkuchengewürz mischen und sieben. Zitronenschale unterrühren. Das Mehlgemisch portionsweise unter die Honigmasse rühren. Den Teig in einen Gefrierbeutel geben, diesen verschließen und den Teig mindestens 2 Stunden kalt stellen, damit der fest wird.

3 Aus Pappkarton eine Schablone für das Nikolaushaus ausschneiden (quadratische Grundfläche etwa 7 x 7 cm und ein etwa 5 cm hohes Spitzdach).

4 Den Teig in 2 Portion teilen und nacheinander auf einer leicht bemehlten Arbeitsfläche kurz durchkneten, dann je etwa 8 mm dick ausrollen. Mithilfe der Schablone und einem Messer oder Pizzaroller 2-mal 5 Nikolaushäuser ausschneiden. Die Teighäuser auf 2 Backbleche (gefettet, mit Backpapier belegt) legen.

5 Die Backbleche nacheinander (bei Heißluft zusammen) in den Backofen schieben.

Ober-/Unterhitze: etwa 180 °C (vorgeheizt)
Heißluft: etwa 160 °C (vorgeheizt)
Gas: Stufe 2–3 (vorgeheizt)
Backzeit: 10–15 Minuten je Backblech.

6 Die Nikolaushäuser mit dem Backpapier auf Kuchenroste ziehen. Die Holzspatel waagerecht, mindestens bis zur Hälfte, in die Nikolaushäuser stecken. Die Häuser erkalten lassen.

7 Zum Verzieren und Garnieren Puderzucker mit Zitronensaft zu einem Guss verrühren, diesen nach Belieben mit Speisefarbe einfärben. Guss in einen kleinen Gefrierbeutel füllen, eine kleine Ecke abschneiden und die Nikolaushäuser verzieren. Fruchtgummis auf den feuchten Guss legen und andrücken. Guss trocknen lassen.

NIKO
MAX
CARL
PIA

Bären am Stiel
(8 Stück)

Für Kinder

Für den All-in-Teig:
- 100 g abgezogene, gemahlene Mandeln
- 120 g Weizenmehl
- 1 gestr. TL Dr. Oetker Backin
- 100 g Zucker
- 1 Pck. Dr. Oetker Vanillin-Zucker
- 3 Eier (Größe M)
- 150 g weiche Butter oder Margarine

Zum Verzieren:
- 200 g Zartbitterschokolade
- 10 g Kokosfett
- 50 g Vollmilchschokolade

- bunte Zuckerschrift

Außerdem:
- 8 Holzspatel

Zubereitungszeit: 60 Minuten, ohne Abkühl- und Trockenzeit
Backzeit: 20–25 Minuten

Pro Stück:
E: 9 g, F: 38 g, Kh: 41 g, kJ: 2250, kcal: 537

1 Für den All-in-Teig die Mandeln in einer Pfanne ohne Fett unter Rühren goldbraun rösten. Dann auf einen Teller geben und erkalten lassen.

2 Mehl mit Backpulver mischen und in eine Rührschüssel sieben. Mandeln, Zucker, Vanillin-Zucker, Eier und Butter oder Margarine hinzufügen und mit Handrührgerät mit Rührbesen in etwa 2 Minuten zu einem glatten Teig verarbeiten.

3 Den Teig in 8 Bärenbackformen (je 100 ml Inhalt, gefettet) füllen. Die Formen auf dem Rost in den Backofen schieben.

Ober-/Unterhitze: etwa 180 °C (vorgeheizt)
Heißluft: etwa 160 °C (vorgeheizt)
Gas: Stufe 2–3 (vorgeheizt)
Backzeit: 20–25 Minuten.

4 Die Bären etwa 5 Minuten in der Form abkühlen lassen, dann aus der Form stürzen und auf einem Kuchenrost erkalten lassen. Vorsichtig jeweils einen Holzspatel waagerecht in die Bären stecken.

5 Zum Verzieren die Zartbitterschokolade in Stücke brechen. Schokoladenstücke mit Kokosfett in einem kleinen Topf im Wasserbad bei schwacher Hitze unter Rühren schmelzen.

6 Die Bären mit der Schokomasse bestreichen und zum Trocknen in Flaschenhälse oder Styroporklötze stecken.

7 Vollmilchschokolade ebenfalls in Stücke brechen und wie unter Punkt 5 beschrieben schmelzen, dann mit einem Pinsel als Fell auf die Vorderseite der Bären auftragen, trocknen lassen. Mit Zuckerschrift auf jeden Bär ein Gesicht zeichnen.

Tipp:
Anstelle von Zuckerschrift können Sie das Gesicht auch mit einfachem Zuckerguss auf die Bären zeichnen. Dafür 30 g gesiebten Puderzucker mit knapp 1 Teelöffel heißem Wasser verrühren. Den Guss evtl. mit Speisefarbe einfärben, in einen kleinen Gefrierbeutel füllen, eine kleine Ecke abschneiden und auf das Gebäck spritzen. Trocknen lassen.

Tiere am Stiel
(etwa 35 Stück)

Für Kinder

Für den Knetteig:

220 g Weizenmehl
½ gestr. TL Dr. Oetker Backin
1 Pck. Dr. Oetker Pudding-Pulver Vanille-Geschmack
100 g Zucker
1 Prise Salz
1 Ei (Größe M)
150 g Butter oder Margarine

Für die Füllung:

100 g Erdbeerkonfitüre

Für den Guss:

150 g gesiebter Puderzucker
2–3 EL Zitronensaft

Speisefarben, Hagelzucker und bunte Zuckerperlen nach Belieben

Außerdem:

18 Holzspatel oder -stäbchen

Zubereitungszeit: etwa 40 Minuten, ohne Kühl- und Trockenzeit
Backzeit: 10–15 Minuten je Backblech

Pro Stück:
E: 1 g, F: 4 g, Kh: 15 g, kJ: 405, kcal: 97

1 Für den Knetteig Mehl mit Backpulver und Pudding-Pulver mischen und in eine Rührschüssel sieben. Zucker, Salz, Ei und Butter oder Margarine hinzufügen. Die Zutaten mit Handrührgerät mit Knethaken zunächst kurz auf niedrigster, dann auf höchster Stufe gut durcharbeiten.

2 Anschließend auf einer bemehlten Arbeitsfläche zu einem glatten Teig verkneten. Den Teig in Frischhaltefolie gewickelt mindestens 1 Stunde kalt stellen.

3 Die Hälfte des Teiges auf der leicht bemehlten Arbeitsfläche etwa 2 mm dick ausrollen. Mit verschiedenen Tier-Motiv-Ausstechern Tiere (Ø 7–8 cm) ausstechen und mit Abstand auf drei Backbleche (mit Backpapier belegt) legen.

4 Für die Füllung Konfitüre glatt rühren. Auf jedes Tier einen kleinen Klecks Konfitüre geben und einen Holzspatel oder -stäbchen darauf legen und andrücken.

5 Restlichen Teig auf die gleiche Weise verarbeiten, darauf achten, dass die gleichen Tiere ausgestochen werden. Ausgestochene Tiermotive auf die mit Konfitüre bestrichenen Tiere einer Art legen und leicht andrücken.

6 Die Backbleche nacheinander (bei Heißluft zusammen) in den Backofen schieben.

Ober-/Unterhitze: etwa 200 °C (vorgeheizt)
Heißluft: etwa 180 °C (vorgeheizt)
Gas: Stufe 3–4 (vorgeheizt)
Backzeit: 10–15 Minuten je Backblech.

7 Die Backbleche auf Kuchenroste stellen. Tiere am Stiel auf den Backblechen erkalten lassen.

8 Für den Guss Puderzucker mit soviel Zitronensaft verrühren, dass eine dickflüssige Masse entsteht. Einen Teil des Gusses nach Belieben mit Speisefarbe einfärben. Den Guss in kleine Gefrierbeutel füllen, jeweils eine kleine Ecke abschneiden. Die Tiere mit dem Guss verzieren und nach Belieben mit Zuckerkonfetti, Hagelzucker und Zuckerperlen bestreuen. Guss trocknen lassen.

Popcornkuchen am Stiel
(8 Stück)

Einfach

Für den Rührteig:

- 125 g weiche Butter oder Margarine
- 100 g Zucker
- 1 Prise Salz
- 1 Ei (Größe M)
- 100 g Weizenmehl
- 50 g Speisestärke
- ½ gestr. TL Dr. Oetker Backin
- 2 EL Vollfrucht Sanddorn mit Rohrzucker (Reformhaus)
- 1 Eiweiß (Größe M)
- 1 Pck. Dr. Oetker Vanillin-Zucker

Außerdem:

- 8 Holzspatel

Für den Guss:

- etwa 50 g Popcorn
- 3 EL Vollfrucht Sanddorn mit Rohrzucker
- 170 g gesiebter Puderzucker
- 2–3 EL heißes Wasser

1 Für den Rührteig Butter oder Margarine mit Handrührgerät mit Rührbesen auf höchster Stufe geschmeidig rühren. Nach und nach Zucker und Salz unterrühren. So lange rühren, bis eine gebundene Masse entstanden ist. Das Ei in etwa ½ Minute unterrühren.

2 Mehl mit Speisestärke und Backpulver mischen, sieben und in 2 Portionen auf mittlerer Stufe unterrühren. Sanddorn unterrühren.

3 Eiweiß mit Vanillin-Zucker steif schlagen und unter den Teig heben. Den Teig in eine Kucheneisform (8 Mulden, gefettet) füllen und glatt streichen. Die Form auf dem Rost in den Backofen schieben.

Ober-/Unterhitze: etwa 180 °C (vorgeheizt)
Heißluft: etwa 160 °C (vorgeheizt)
Gas: Stufe 2–3 (vorgeheizt)
Backzeit: 15–20 Minuten.

4 Das Gebäck 5 Minuten in der Form auf einem Kuchenrost abkühlen lassen. Das Gebäck aus der Form lösen und auf einem Kuchenrost erkalten lassen. Evtl. überstehende Gebäckkanten mit einer Küchenschere abschneiden. Jeweils einen Spatel waagerecht bis etwa zur Mitte in ein Gebäckstück stecken.

5 Für den Guss Popcorn auf einen flachen Teller geben, große Stücke etwas kleiner schneiden. Sanddorn mit Puderzucker und soviel heißem Wasser verrühren, dass eine dickflüssige Masse entsteht. Den Guss mit einem Pinsel auf die Kuchen streichen. Die Kuchen sofort in Popcorn wenden, Popcorn vorsichtig andrücken und Guss trocknen lassen.

Tipp:

Für Sanddorn Vollfrucht wird die ganze Frucht vermahlen, deshalb ist es eine dickflüssige, sehr aromatische Flüssigkeit. Wenn Sie einen dünnflüssigen Sanddornsaft oder Nektar verwenden, benötigen Sie für den Guss 200 g Puderzucker und 3–4 Esslöffel Saft oder Nektar und kein Wasser. Die Flüssigkeitsmenge für den Teig bleibt gleich.

Zubereitungszeit: 40 Minuten, ohne Abkühl- und Trockenzeit
Backzeit: 15–20 Minuten

Pro Stück: E: 3 g, F: 15 g, Kh: 60 g, kJ: 1662, kcal: 397

Süße Kugelspieße
(8 Stück)

Dauert länger

Für den Hefeteig:

200 g Weizenmehl
½ Pck. Dr. Oetker Trockenbackhefe
1 EL Zucker
2 Pck. Dr. Oetker Vanillin-Zucker
1 Prise Salz
50 g weiche Butter oder Margarine
1 Ei (Größe M)
50 ml lauwarme Milch

Für die Füllung:

5 getrocknete Soft-Aprikosen
1 TL weiche Butter
30 g Nusskrokant

Zum Bestreichen:

1 Eigelb (Größe M)
1 EL Milch
1 Prise Salz

nach Belieben Hagelzucker zum Bestreuen

Außerdem:

8 Holz-Essstäbchen

Zubereitungszeit: 40 Minuten, ohne Teiggehzeit
Backzeit: 15–20 Minuten je Backblech

Pro Stück: E: 5 g, F: 8 g, Kh: 28 g, kJ: 872, kcal: 208

1 Für den Teig Mehl in eine Rührschüssel sieben und das Mehl mit der Trockenhefe sorgfältig vermischen. Zucker, Vanillin-Zucker, Salz, Butter oder Margarine, Ei und Milch hinzufügen.

2 Die Zutaten mit Handrührgerät mit Knethaken zunächst kurz auf niedrigster, dann auf höchster Stufe in etwa 5 Minuten zu einem glatten Teig verarbeiten. Den Teig zugedeckt so lange an einem warmen Ort stehen lassen, bis er sich sichtbar vergrößert hat.

3 Für die Füllung Aprikosen in kleine Stücke schneiden und mit der Butter in eine Schüssel geben. Aprikosenstücke und Butter mithilfe einer Gabel verkneten.

4 Den Teig leicht mit Mehl bestäuben, aus der Schüssel nehmen und auf einer leicht bemehlten Arbeitsfläche nochmals kurz durchkneten. Den Teig dritteln. Jede Teigportion in 8 Stücke teilen.

5 8 Teigstücke auf einer bemehlten Arbeitsfläche zu Kugeln formen. 8 weitere Teigstücke zu Scheiben (Ø je etwa 7 cm) formen. Auf jede Teigscheibe einen Klecks Aprikosenmasse geben, dann den Teig über der Aprikosenmasse zusammendrücken und jeweils zu einer Kugel formen.

6 Die restlichen 8 Teigstücke ebenfalls zu Scheiben (Ø je etwa 7 cm) formen. Nusskrokant darauf geben und wie zuvor beschrieben zu Kugeln formen.

7 Jeweils 3 verschiedene Teigkugeln auf ein Stäbchen stecken. Teigspieße auf Backbleche (mit Backpapier belegt) legen. Nochmals zugedeckt so lange an einem warmen Ort gehen lassen, bis sich die Teigkugeln vergrößert haben.

8 Zum Bestreichen Eigelb mit Milch und Salz verschlagen. Die Teigkugeln damit bestreichen und nach Belieben mit Hagelzucker bestreuen. Die Backbleche nacheinander (bei Heißluft zusammen) in den Backofen schieben.

Ober-/Unterhitze: etwa 180 °C (vorgeheizt)
Heißluft: etwa 160 °C (vorgeheizt)
Gas: Stufe 2–3 (vorgeheizt)
Backzeit: 15–20 Minuten je Backblech.

9 Die Kugelspieße mit dem Backpapier auf Kuchenroste ziehen und erkalten lassen.

Erdbeerschnecken
(16 Stück)

Fruchtig

Für den Biskuitteig:

1 Ei (Größe M)
1 Eigelb (Größe M)
30 g Zucker
1 Pck. Dr. Oetker Bourbon-Vanille-Zucker
1 Prise Salz
50 g Weizenmehl
1 Msp. Dr. Oetker Backin

Für die Füllung und zum Verzieren:

120 g Erdbeerkonfitüre
80 g Vollmilchschokolade
16 runde, dünne Butterwaffeln oder Kekse (Ø etwa 6 cm)

Außerdem:

16 Holzspatel

1 Für den Teig Ei und Eigelb in einer Rührschüssel mit Handrührgerät mit Rührbesen in 1 Minute schaumig schlagen. Zucker, Vanille-Zucker und Salz mischen, in 1 Minute einstreuen und die Masse weitere 2 Minuten schlagen.

2 Mehl mit Backpulver mischen, auf die Eiercreme sieben und kurz auf niedrigster Stufe unterrühren. Einen Backrahmen (25 x 25 cm) auf ein Backblech (gefettet, mit Backpapier belegt) setzen. Den Teig einfüllen und glatt streichen. Das Backblech in den Backofen schieben.

Ober-/Unterhitze: etwa 200 °C (vorgeheizt)
Heißluft: etwa 180 °C (vorgeheizt)
Gas: Stufe 3–4 (vorgeheizt)
Backzeit: etwa 8 Minuten.

3 Backrahmen sofort nach dem Backen lösen und entfernen. Gebäckplatte auf mit Zucker bestreutes Backpapier stürzen. Mitgebackenes Backpapier abziehen. Die noch heiße Gebäckplatte mit Konfitüre bestreichen und mithilfe des Backpapiers aufrollen. Gebäckrolle erkalten lassen.

4 Zum Verzieren Schokolade in Stücke brechen. Schokoladenstücke in einem kleinen Topf im Wasserbad bei schwacher Hitze unter Rühren schmelzen.

5 Die Gebäckrolle in 16 gleich große Scheiben schneiden. Die Waffeln oder Kekse auf einer Seite mit der Schokolade bestreichen. Auf jede Waffel oder jeden Keks eine Gebäckscheibe legen und andrücken. Einen Holzspatel bis zur Mitte in jede Gebäckscheibe stecken (evtl. die erste Gebäckschicht mit einem Messer vorsichtig einschneiden).

6 Restliche Schokoladenmasse in einen kleinen Gefrierbeutel füllen, eine kleine Spitze abschneiden und die Erdbeerschnecken damit verzieren. Schokolade fest werden lassen.

Zubereitungszeit:
etwa 45 Minuten, ohne Abkühl- und Trockenzeit
Backzeit: etwa 8 Minuten

Pro Stück:
E: 2 g, F: 5 g, Kh: 22 g, kJ: 605, kcal: 144

Gewürzsterne
(6 Stück)

Für die Weihnachtszeit

Für den All-in-Teig:

125 g Weizenmehl
1 gestr. TL Dr. Oetker Backin
je 1 Msp. gemahlene Gewürznelken, gemahlener Zimt, gemahlene Muskatnuss
60 g Zucker
1 Pck. Dr. Oetker Vanillin-Zucker
1 Ei (Größe M)
50 g weiche Butter
100 g Crème fraîche
40 g gehackte Walnusskerne

Außerdem:

6 Holzspatel oder -stäbchen

1 Für den Teig Mehl mit Backpulver und Gewürzen mischen und in eine Rührschüssel sieben. Zucker, Vanillin-Zucker, Ei, Butter und Crème fraîche hinzufügen. Die Zutaten mit Handrührgerät mit Rührbesen zunächst kurz auf niedrigster, dann auf höchster Stufe in etwa 1 Minute zu einem glatten Teig verarbeiten. Walnusskerne unterrühren.

2 Den Teig in eine Sternenform (Verbundform mit 6 Sternen, gefettet, gemehlt) geben und glatt streichen. Jeweils einen Holzspatel oder ein Holzstäbchen waagerecht in den Teig schieben. Die Formen auf dem Rost in den Backofen schieben.

Ober-/Unterhitze: etwa 180 °C (vorgeheizt)
Heißluft: etwa 160 °C (vorgeheizt)
Gas: Stufe 2–3 (vorgeheizt)
Backzeit: etwa 25 Minuten.

3 Die Formen auf einen Kuchenrost stellen. Gebäck etwas abkühlen lassen, dann vorsichtig aus den Formen lösen. Sterne erkalten lassen. Überstehende Gebäckränder evtl. mit einer Haushaltsschere abschneiden.

Tipp:

Die Sterne mit Puderzucker bestäuben oder mit einem Schokoladenguss verzieren und mit Walnusskernhälften garnieren.

Wenn Sie eine Form haben, bei der Sie die Holzspatel nicht vor dem Backen in die Teigsterne stecken können, dann die Holzspatel nach dem Auslösen der Sterne aus der Form in die Sterne stecken.

Zubereitungszeit:
20 Minuten, ohne Abkühlzeit
Backzeit: etwa 25 Minuten

Pro Stück:
E: 5 g, F: 19 g, Kh: 29 g,
kJ: 1273, kcal: 304

Keks-Lollis
(etwa 30 Stück)

Für Kinder

Für den Knetteig:

100 g Edelbitterschokolade
100 g weiche Butter
120 g Zucker
1 Prise Salz
1 Pck. Dr. Oetker Bourbon-Vanille-Zucker
1 Ei (Größe M)
250 g Weizenmehl
½ gestr. TL Dr. Oetker Backin

etwas Milch zum Bestreichen

Zum Garnieren:

100 g weiße Schokolade

Außerdem:

30 Holzstäbchen

1 Für den Knetteig die Schokolade in Stücke brechen. Schokoladenstücke in einem kleinen Topf im Wasserbad bei schwacher Hitze unter Rühren schmelzen.

2 Butter mit Handrührgerät mit Rührbesen geschmeidig rühren. Nach und nach Zucker, Salz und Vanille-Zucker unterrühren. Nacheinander das Ei und die lauwarme Schokoladenmasse unterrühren.

3 Mehl mit Backpulver mischen und sieben. Die Hälfte davon mit Handrührgerät mit Rührbesen unter die Teigmasse rühren. Restliches Mehlgemisch auf einer bemehlten Arbeitsfläche unterkneten. Den Teig in Frischhaltefolie wickeln und mindestens 1 Stunde kalt stellen.

4 Den Teig halbieren. Jede Teighälfte zu einer Rolle von etwa 15 cm Länge formen und in je 30 gleich große Scheiben schneiden. Die Hälfte der Scheiben, mit Abstand und versetzt, so dass die Holzstäbchen noch Platz haben, auf 3 Backbleche (mit Backpapier belegt) legen. Je eine Teigscheibe mit Milch bestreichen, je ein Holzstäbchen bis zum Mittelpunkt darauf legen, leicht andrücken und mit einer der restlichen Teigscheiben belegen, diese andrücken.

5 Die Backbleche nacheinander (bei Heißluft zusammen) in den Backofen schieben.

Ober-/Unterhitze: etwa 180 °C (vorgeheizt)
Heißluft: etwa 160 °C (vorgeheizt)
Gas: Stufe 2–3 (vorgeheizt)
Backzeit: 10–15 Minuten je Backblech.

6 Zum Garnieren die weiße Schokolade hacken. Die Backbleche auf Kuchenroste setzen. Nach 5 Minuten die Schokoladenstücke auf die Keks-Lollis streuen und leicht andrücken. Die Lollis auf den Backblechen erkalten lassen.

Zubereitungszeit:
35 Minuten, ohne Kühl- und Trockenzeit
Backzeit: 10–15 Minuten je Backblech

Pro Stück:
E: 2 g, F: 5 g, Kh: 14 g,
kJ: 460, kcal: 110

Kirsch-Honig-Kuchen
(10 Stück)

Fruchtig

Für den Teig:
- 200 g flüssiger Honig
- 100 g Zucker
- 70 g Butter oder Margarine
- 1 Glas Sauerkirschen (Abtropfgewicht 350 g)
- 1 Ei (Größe M)
- 270 g Weizenmehl
- 1 gestr. TL Dr. Oetker Backin
- 2 gestr. TL gemahlener Zimt
- 1 gestr. TL gemahlener Anis
- 3 EL Milch
- 1 gestr. TL Dr. Oetker Finesse Geriebene Zitronenschale

Für den Guss:
- 50 g gesiebter Puderzucker
- ½–1 EL Kirschsaft aus dem Glas

Außerdem:
- 10 Holzspatel

1 Für den Teig Honig, Zucker und Butter oder Margarine in einem Topf unter Rühren erwärmen, bis der Zucker gelöst ist. Die Masse in eine Rührschüssel geben und abkühlen lassen.

2 Kirschen in einem Sieb abtropfen lassen, dabei 1 Esslöffel Saft für den Guss auffangen. Das Ei unter die fast erkaltete Masse rühren.

3 Mehl mit Backpulver, Zimt und Anis mischen, auf die Honigmasse sieben und unterrühren. Milch unterrühren.

4 Den Teig 5 Minuten stehen lassen, dann Kirschen und Zitronenschale hinzufügen und unterheben.

5 Einen Backrahmen (20 x 25 cm) auf ein Backblech (gefettet, mit Backpapier belegt) setzen, den Teig einfüllen und glatt streichen. Das Backblech in den Backofen schieben.

Ober-/Unterhitze: etwa 180 °C (vorgeheizt)
Heißluft: etwa 160 °C (vorgeheizt)
Gas: Stufe 2–3 (vorgeheizt)
Backzeit: 25–30 Minuten.

6 Das Backblech auf einen Kuchenrost stellen und die Gebäckplatte erkalten lassen. Backrahmen lösen und entfernen. Die Gebäckplatte mit einem Sägemesser in 10 Stücke (etwa 5 x 10 cm) schneiden. In jedes Stück waagerecht bis mindestens zur Mitte einen Holzspatel stecken.

7 Für den Guss Puderzucker mit soviel Kirschsaft verrühren, dass eine dickflüssige Masse entsteht. Den Guss in einen kleinen Gefrierbeutel füllen, eine kleine Ecke abschneiden. Die Kirsch-Honig-Kuchen mit dem Guss verzieren. Guss trocknen lassen.

Zubereitungszeit: 40 Minuten, ohne Kühl- und Trockenzeit
Backzeit: 25–30 Minuten

Pro Stück:
E: 4 g, F: 7 g, Kh: 56 g, kJ: 1296, kcal: 310

Honigblüten
(12 Stück)

Raffiniert

Für den Hefeteig:

250 g Weizenmehl
½ Pck. frische Hefe (21 g)
1 gestr. EL flüssiger Honig
1 gestr. EL Zucker
125 ml (⅛ l) lauwarme Milch
je ½ gestr. TL gemahlener Zimt und Anis
1 Prise Salz
50 g weiche Butter oder Margarine

Für die Füllung:

6 getrocknete Soft-Aprikosen
1 gestr. EL flüssiger Honig
40 g Zucker
1 gestr. TL Dr. Oetker Finesse Geriebene Zitronenschale
70 g abgezogene, gehackte Mandeln
1 gestr. EL Weizenmehl (10 g)
3 EL Schlagsahne
10 g weiche Butter

Puderzucker zum Bestäuben

Außerdem:

12 Holzspatel

1 Für den Teig Mehl in eine Rührschüssel sieben und in die Mitte eine Vertiefung drücken. Hefe hineinbröckeln. Honig, Zucker und die Hälfte der warmen Milch in die Vertiefung geben und mit etwas von dem Mehl vorsichtig mithilfe einer Gabel verrühren. Den Vorteig zugedeckt etwa 15 Minuten gehen lassen.

2 Die restlichen Teigzutaten hinzufügen und mit Handrührgerät mit Knethaken kurz auf niedrigster, dann auf höchster Stufe zu einem glatten Teig verarbeiten. Den Teig zugedeckt an einem warmen Ort so lange gehen lassen, bis er sich sichtbar vergrößert hat.

3 Für die Füllung die Aprikosen waagerecht halbieren. Honig, Zucker, Zitronenschale, Mandeln, Mehl, Sahne und Butter in einer Schüssel verrühren.

4 Den Teig mit Mehl bestäuben und auf einer bemehlten Arbeitsfläche nochmals gut durchkneten. Teig halbieren und nacheinander jeweils zu einem Rechteck in der Größe von etwa 27 x 36 cm ausrollen und in 12 Quadrate in der Größe von etwa 9 x 9 cm schneiden.

5 Je zwei Quadrate diagonal versetzt aufeinander legen, so dass 12 achteckige Sterne entstehen. Teigsterne in eine Muffinform (für 12 Muffins, gefettet) legen.

6 In jede Vertiefung eine halbe Aprikose legen und darauf die Füllung geben. Die Form auf dem Rost in den Backofen schieben.

Ober-/Unterhitze: etwa 200 °C (vorgeheizt)
Heißluft: etwa 180 °C (vorgeheizt)
Gas: Stufe 3–4 (vorgeheizt)
Backzeit: 20–25 Minuten.

7 Die Muffinform auf einen Kuchenrost stellen. Die Honigblüten etwa 5 Minuten abkühlen lassen, dann aus der Form nehmen und auf dem Kuchenrost erkalten lassen.

8 In jede Honigblüte waagerecht mindestens bis zur Mitte einen Holzspatel stecken. Honigblüten vor dem Servieren mit Puderzucker bestäuben.

Zubereitungszeit:
70 Minuten, ohne Teiggeh- und Abkühlzeit
Backzeit: 20–25 Minuten

Pro Stück:
E: 4 g, F: 9 g, Kh: 26 g, kJ: 853, kcal: 204

Tipp:

Anstelle von Zimt und Anis können Sie das Gebäck auch mit Lebkuchen- oder Pfefferkuchengewürz oder Kardamom und Anis würzen.

Zitronen-Baiser am Stiel

(8 Stück)

Für Kinder

Zum Vorbereiten:

100 g Zitronat (Sukkade)
1 Pck. Dr. Oetker Finesse Geriebene Zitronenschale
3 TL Speisestärke (15 g)

Für die Eiweißmasse:

2 Eiweiß (Größe M)
1 TL Zitronensaft
100 g Zucker
30 g gesiebter Puderzucker

Außerdem:

8 Holzspatel

Für den Guss:

100 g Zartbitterschokolade
1 EL Speiseöl, z. B. Sonnenblumenöl
1 Bio-Zitrone (unbehandelt, ungewachst)

1 Zum Vorbereiten das Zitronat fein hacken (evtl. in einem Blitzhacker), mit Zitronenschale und Speisestärke mischen.

2 Für die Eiweißmasse Eiweiß und Zitronensaft mit Handrührgerät mit Rührbesen steif schlagen. Nach und nach Zucker unter Rühren einrieseln lassen. So lange schlagen, bis ein glänzender fester Eischnee entstanden ist.

3 Puderzucker auf den Eischnee sieben und auf niedrigster Stufe unterrühren. Zitronatmischung unter den Eischnee heben. Die Eiweißmasse in eine Kucheneisform (8 Mulden, gefettet, mit Mehl bestäubt) füllen und glatt streichen.

4 Die Form auf dem Rost in den Backofen schieben. Bei Ober-/Unterhitze und Gas (nicht bei Heißluft) nach 30 Minuten Backzeit einen Kochlöffelstiel zwischen Backofen und Tür klemmen, damit Feuchtigkeit entweichen kann.

Ober-/Unterhitze: etwa 150 °C (vorgeheizt)
Heißluft: etwa 130 °C (nicht vorgeheizt)
Gas: Stufe 1–2 (vorgeheizt)
Backzeit (Trockenzeit): 60–70 Minuten.

5 Gebäck 5 Minuten in der Form auf einem Kuchenrost abkühlen lassen. Das Gebäck aus der Form nehmen, auf einen Kuchenrost legen und erkalten lassen.

6 In jedes Gebäckstück vorsichtig waagerecht mindestens bis zur Mitte einen Holzspatel stecken.

7 Für den Guss Schokolade in Stücke brechen und mit dem Speiseöl in einem kleinen Topf im Wasserbad bei schwacher Hitze zu einer geschmeidigen Masse verrühren. Die Zitrone heiß waschen und abtrocken. Von der Zitronenschale mit einem Juliennereißer dünne Streifen abziehen.

8 Die Spitze oder eine Hälfte jedes Baiser-Eises mit der Schokoladenmasse bestreichen und mit Zitonenschale bestreuen. Gebäck auf Backpapier legen und trocknen lassen.

Zubereitungszeit:
etwa 35 Minuten, ohne Abkühlzeit
Backzeit (Trockenzeit):
60–70 Minuten

Pro Stück:
E: 2 g, F: 4 g, Kh: 32 g, kJ: 695, kcal: 166

Knusprige Herzen
(etwa 30 Stück)

Beliebt

Für den Knetteig:
- 300 g Weizenmehl
- ½ gestr. TL Dr. Oetker Backin
- 2 EL Zucker (20 g)
- 1 Prise Salz
- 150 g Butter oder Margarine
- 100 g saure Sahne (10 % Fett)

Für die Füllung:
- 200 g weiße Schokolade
- 30 g rotes Johannisbeergelee
- 2–3 Tropfen Zitronen-Aroma
- 2 EL saure Sahne (10 % Fett)

Zum Verzieren:
- 150 g gesiebter Puderzucker
- 2–3 EL Zitronensaft
- rote Speisefarbe

evtl. kleine Zuckerherzen zum Garnieren

Außerdem:
- 30 Holzspatel oder -stäbchen

1 Für den Teig Mehl mit Backpulver mischen und in eine Rührschüssel sieben. Zucker, Salz, Butter oder Margarine und saure Sahne hinzufügen. Die Zutaten mit Handrührgerät mit Knethaken zunächst kurz auf niedrigster, dann auf höchster Stufe gut durcharbeiten.

2 Anschließend auf einer bemehlten Arbeitsfläche zu einem glatten Teig verkneten. Den Teig in Folie gewickelt etwa 1 Stunde kalt stellen.

3 Den Teig halbieren. Jeweils eine Teighälfte auf der bemehlten Arbeitsfläche etwa 2 mm dick ausrollen. Mit einer Ausstechform Herzen (Ø etwa 7 cm) ausstechen und auf Backbleche (gefettet, mit Backpapier belegt) legen. Teigherzen mit einer Gabel mehrmals einstechen.

4 Die Backbleche nacheinander (bei Heißluft 2 Backbleche zusammen) in den Backofen schieben.

Ober-/Unterhitze: etwa 200 °C (vorgeheizt)
Heißluft: etwa 180 °C (vorgeheizt)
Gas: Stufe 3–4 (vorgeheizt)
Backzeit: 10–15 Minuten je Backblech.

5 Die Gebäckherzen mit dem Backpapier auf Kuchenroste ziehen und erkalten lassen.

6 Für die Füllung Schokolade in Stücke brechen, mit Gelee und Aroma in einem kleinen Topf im Wasserbad bei schwacher Hitze unter Rühren schmelzen. Saure Sahne unterrühren.

7 Jeweils 1 Gebäckherz dick mit der Füllung bestreichen. Je einen Holzspatel oder ein Holzstäbchen in die Füllung drücken, ein Gebäckherz darauf legen und andrücken. Restliche Herzen auf die gleiche Weise verarbeiten.

8 Zum Verzieren Puderzucker mit Zitronensaft zu einer dickflüssigen Masse verrühren. Den Guss halbieren. Eine Hälfte in einen kleinen Gefrierbeutel füllen. Restlichen Puderzuckerguss mit etwas Speisefarbe rot färben und ebenfalls in einen kleinen Gefrierbeutel füllen. Von den Beuteln jeweils eine kleine Ecke abschneiden.

9 Die Herzen mit dem Guss verzieren und nach Belieben mit Zuckerherzen garnieren. Guss trocknen lassen.

Zubereitungszeit: 45 Minuten, ohne Kühl- und Trockenzeit
Backzeit: 10–15 Minuten je Backblech

Pro Stück:
E: 1 g, F: 7 g, Kh: 18 g, kJ: 584, kcal: 140

Knusperküchlein am Stiel
(8 Stück)

Beliebt

Für den All-in-Teig:

- 100 g Butter oder Margarine
- 50 g Choco Crossies® Classic (Knusperpralinen)
- 100 g Weizenmehl
- 1 Pck. Gala-Schokoladen-Pudding-Pulver
- ½ gestr. TL Dr. Oetker Backin
- 70 g Zucker
- 1 Pck. Dr. Oetker Vanillin-Zucker
- 2 Eier (Größe M)
- 2 EL Schlagsahne

Außerdem:

- 8 Holzspatel

Zum Garnieren:

- 50 g abgezogene, gehobelte Mandeln
- 200 g weiße Schokolade
- 15 g Kokosfett
- 50 g Choco Crossies® Classic (Knusperpralinen)

Zubereitungszeit: etwa 50 Minuten, ohne Abkühl- und Trockenzeit
Backzeit: 20–25 Minuten

Pro Stück:
E: 7 g, F: 30 g, Kh: 46 g, kJ: 2016, kcal: 482

1 Für den All-in-Teig Butter oder Margarine in einem kleinen Topf bei schwacher Hitze unter Rühren schmelzen und dann abkühlen lassen. Knusperpralinen fein hacken oder in einem Blitzhacker fein zerkleinern.

2 Mehl mit Pudding-Pulver und Backpulver mischen und in eine Rührschüssel sieben. Zucker, Vanillin-Zucker, Eier, zerlassene Butter oder Margarine und Sahne hinzufügen und mit Handrührgerät mit Rührbesen in etwa 2 Minuten zu einem glatten Teig verarbeiten. Gehackte Knusperpralinen unterheben.

3 Den Teig in eine Tarteform (Ø 20–22 cm, gefettet) füllen und glatt streichen. Die Form auf dem Rost in den Backofen schieben.

Ober-/Unterhitze: etwa 180 °C (vorgeheizt)
Heißluft: etwa 160 °C (vorgeheizt)
Gas: Stufe 2–3 (vorgeheizt)
Backzeit: 20–25 Minuten.

4 Das Gebäck 5 Minuten in der Form abkühlen lassen, dann aus der Form auf einen mit Backpapier belegten Kuchenrost stürzen und erkalten lassen.

5 Das Gebäck wie eine Torte in 8 Stücke schneiden. Die Spatel waagerecht, von der Rundung aus, bis zur Mitte in die Gebäckstücke stecken.

6 Zum Garnieren die Mandeln in einer Pfanne ohne Fett goldbraun rösten, erkalten lassen. Die Schokolade in Stücke brechen. Schokoladenstücke mit Kokosfett in einem kleinen Topf im Wasserbad bei schwacher Hitze schmelzen und verrühren.

7 Die Hälfte der Mandeln auf ein Stück Backpapier (in der Größe der Backform) geben. Die Gebäckstücke mithilfe eines Backpinsels mit der Schokoladenmasse bestreichen und mit der Unterseite auf das mit Mandeln bestreute Backpapier legen. Knusperpralinen auf die Oberseiten geben, mit den restlichen Mandeln bestreuen, diese etwas andrücken und trocknen lassen.

® Société des Produits Nestlé S. A.

Minzblätter am Stiel
(etwa 30 Stück)

Für den Knetteig:
220 g Weizenmehl
½ gestr. TL Dr. Oetker Backin
70 g gesiebter Puderzucker
1 Prise Salz
120 g Butter oder Margarine
40 g Raspelschokolade
1 Ei (Größe M)

Für die Füllung:
40 g flüssiger Honig
150 g gesiebter Puderzucker
1 EL Zitronensaft
einige Tropfen Pfefferminzöl (aus der Apotheke)

Für den Guss:
75 g Zartbitterschokolade
5 g Kokosfett
grüner Dekorzucker
bunte Zuckerperlen
50 g gesiebter Puderzucker
1–2 Teelöffel Zitronensaft
Speisefarbe nach Belieben

Außerdem:
15 Holzspatel oder -stäbchen

Zubereitungszeit: etwa 1 Stunde, ohne Kühl- und Trockenzeit
Backzeit: 10–15 Minuten je Backblech

Pro Stück:
E: 1 g, F: 5 g, Kh: 18 g, kJ: 514, kcal: 123

1 Für den Teig Mehl mit Backpulver und Puderzucker mischen und in eine Rührschüssel sieben. Salz, Butter oder Margarine, Raspelschokolade und Ei hinzufügen. Die Zutaten mit Handrührgerät mit Knethaken zunächst kurz auf niedrigster, dann auf höchster Stufe gut durcharbeiten.

2 Anschließend auf der leicht bemehlten Arbeitsfläche zu einem glatten Teig verkneten. Den Teig in Frischhaltefolie gewickelt etwa 1 Stunde kalt stellen.

3 Den Teig halbieren. Eine Teighälfte auf einer leicht bemehlten Arbeitsfläche etwa 3 mm dick ausrollen. Mit einem Ausstecher in Kleeblattform (Ø 5 cm) etwa 30 Kleeblätter ausstechen und auf zwei Backbleche (mit Backpapier belegt) legen. Die Backbleche nacheinander (bei Heißluft zusammen) in den Backofen schieben.

Ober-/Unterhitze: etwa 180 °C (vorgeheizt)
Heißluft: etwa 160 °C (vorgeheizt)
Gas: Stufe 2–3 (vorgeheizt)
Backzeit: 10–15 Minuten je Backblech.

4 Die Kleeblätter mit dem Backpapier auf Kuchenroste ziehen und erkalten lassen. Restlichen Teig auf die gleiche Weise verarbeiten und bei der gleichen Backofeneinstellung backen.

5 Für die Füllung Honig, Puderzucker, Zitronensaft und Pfefferminzöl in einer Rührschüssel zu einer streichfähigen Masse verrühren. Die Hälfte der gebackenen Kleeblätter mit etwa zwei Drittel der Füllung bestreichen. Holzspatel oder -stäbchen in die Füllung drücken. Die restlichen gebackenen Kleeblätter dünn mit der restlichen Füllung bestreichen, darauf legen, andrücken und die Füllung fest werden lassen.

6 Für den Guss Schokolade in Stücke brechen. Schokolade und Kokosfett in einem kleinen Topf im Wasserbad bei schwacher Hitze zu einer geschmeidigen Masse verrühren. Die Hälfte der Minzblätter mit der Schokomasse bestreichen, evtl. abtropfen lassen. Nach Belieben mit Dekorzucker oder Zuckerperlen bestreuen und die Minzblätter auf Backpapier trocknen lassen.

7 Puderzucker mit soviel von dem Zitronensaft verrühren, dass eine dickflüssige Masse entsteht. Nach Belieben mit Speisefarbe färben. Die restlichen Minzblätter mit der Masse verzieren, mit Dekorzucker oder Zuckerperlen bestreuen. Guss trocknen lassen.

Falsches Eiskonfekt
(12 Stück)

Dauert länger

1 Dose Mandarin-Orangen (Abtropfgewicht 175 g)

Für den Teig:

3 Eier (Größe M)
100 g Zucker
1 Pck. Dr. Oetker Vanillin-Zucker
1 Prise Salz
70 g Weizenmehl
100 g abgezogene, gemahlene Mandeln
50 g zerlassene, abgekühlte Butter

Für die Füllung:

50 g Zartbitterschokolade
200 g Eiskonfekt
5 EL Mandarinensaft aus der Dose

Für den Guss und zum Bestreuen:

220 g gesiebter Puderzucker
1 gestr. TL Dr. Oetker Finesse Orangenfrucht
3–4 EL Zitronensaft
Speisefarbe nach Belieben
4 EL Schokostreusel

Außerdem:

12 Holzspatel

Zubereitungszeit: etwa 60 Minuten, ohne Kühlzeit
Backzeit: 10–15 Minuten

Pro Stück:
E: 5 g, F: 17 g, Kh: 50 g, kJ: 1565, kcal: 374

1 Die Mandarinen in einem Sieb abtropfen lassen, dabei den Saft auffangen.

2 Für den Teig Eier in eine Rührschüssel geben und mit Handrührgerät mit Rührbesen in 1 Minute schaumig schlagen. Zucker, Vanillin-Zucker und Salz mischen, in 1 Minute einstreuen und die Masse weitere 2 Minuten schlagen.

3 Mehl auf die Eiercreme sieben und kurz auf niedrigster Stufe unterrühren. Mandeln und Butter unterheben. Den Teig auf ein Backblech (30 x 40 cm, gefettet, mit Backpapier belegt) streichen. Mandarinen klein schneiden und auf dem Teig verteilen. Das Backblech in den Backofen schieben.

Ober-/Unterhitze: etwa 200 °C (vorgeheizt)
Heißluft: etwa 180 °C (vorgeheizt)
Gas: Stufe 3–4 (vorgeheizt)
Backzeit: 10–15 Minuten.

4 Backblech auf einen Kuchenrost stellen. Gebäckplatte erkalten lassen.

5 Für die Füllung Schokolade in kleine Stücke brechen und mit dem Eiskonfekt und Mandarinensaft in einem Topf im Wasserbad bei schwacher Hitze zu einer geschmeidigen Masse verrühren. Die Füllung so lange erkalten lassen bis sie eine streichfähige Konsistenz hat, dabei gelegentlich umrühren.

6 Die Gebäckplatte auf Backpapier stürzen, mitgebackenes Backpapier abziehen. Gebäckplatte senkrecht halbieren, so dass 2 Gebäckhälften in der Größe von etwa 30 x 20 cm entstehen. Eine Gebäckhälfte mit der Mandarinenseite nach oben auf eine längliche Platte legen.

7 Die Füllung darauf streichen. Die zweite Gebäckplatte mit der Mandarinenseite nach unten darauf legen und andrücken. Gebäck der Länge nach in der Mitte durchschneiden, dann jede Hälfte in 6 gleich große Rechtecke schneiden. In die Füllung jedes Rechtecks waagerecht bis mindestens zur Mitte einen Holzspatel stecken und mindestens 3 Stunde kalt stellen.

8 Für den Guss Puderzucker mit Orangenfrucht und soviel Zitronensaft verrühren, dass eine dickflüssige Masse entsteht. Diese nach Belieben mit Speisefarbe färben. Eine Seite der Gebäckstücke mit dem Guss bestreichen und mit Schokostreuseln bestreuen. Die Streusel etwas andrücken. Die Gebäckstücke umdrehen. Die andere Seite mit dem Guss bestreichen und mit Streuseln bestreuen, leicht andrücken. Falsches Eiskonfekt bis zum Servieren kalt stellen.

Lebkuchenkühe
(etwa 30 Stück)

Für den Teig:

100 g Butter oder Margarine
120 g flüssiger Honig
100 g Zucker
1 Ei (Größe M)
1 Eigelb (Größe M)
300 g Weizenmehl
1 gestr. TL Dr. Oetker Backin
2 gestr. TL Lebkuchengewürz
1 EL Kakaopulver

Zum Verzieren:

100 g weiße Schokolade
1 TL Speiseöl, z. B. Sonnenblumenöl

Außerdem:

etwa 30 Holzstäbchen

1 Für den Teig Butter oder Margarine in einem Topf unter Rühren zerlassen. Honig und Zucker unterrühren, so lange rühren, bis der Zucker aufgelöst ist. Masse in eine Rührschüssel füllen und abkühlen lassen.

2 Ei und Eigelb unter die fast erkaltete Masse rühren. Mehl mit Backpulver, Lebkuchengewürz und Kakao mischen und sieben. Das Mehlgemisch portionsweise unter die Butter-Ei-Masse rühren. Die Rührschüssel mit Frischhaltefolie zudecken oder den Teig in einen Gefrierbeutel füllen und mindestens 2 Stunden kalt stellen, damit der Teig fest wird.

3 Teig in 2 Portionen teilen. Teigportionen nacheinander auf einer bemehlten Arbeitsfläche kurz durchkneten und etwa 8 mm dick ausrollen. Mit einem Kuh-Ausstecher (etwa 7,5 cm breit) Kühe ausstechen und so auf zwei Backbleche (mit Backpapier belegt) legen, dass die Stäbchen noch Platz haben. Stäbchen möglichst waagerecht in die Teigkühe stecken.

4 Die Backbleche nacheinander (bei Heißluft zusammen) in den Backofen schieben.

Ober-/Unterhitze: etwa 180 °C (vorgeheizt)
Heißluft: etwa 160 °C (vorgeheizt)
Gas: Stufe 2–3 (vorgeheizt)
Backzeit: 10–15 Minuten je Backblech.

5 Das Gebäck mit dem Backpapier von den Blechen ziehen und auf Kuchenrosten erkalten lassen.

6 Zum Verzieren Schokolade in Stücke brechen. Mit dem Öl in einem Topf im Wasserbad bei schwacher Hitze zu einer geschmeidigen Masse verrühren. Die Masse in einen kleinen Gefrierbeutel füllen, eine kleine Spitze abschneiden und weiße Flecke und Augen auf die Kühe spritzen, trocknen lassen.

Tipp:

Wer bunte Kühe haben möchte, verrührt etwa 50 g gesiebten Puderzucker mit 1–2 Teelöffeln Milch und färbt den Guss mit Speisefarbe.

Zubereitungszeit: etwa 30 Minuten, ohne Kühl- und Trockenzeit
Backzeit: 10–15 Minuten je Backblech

Pro Stück:
E: 2 g, F: 5 g, Kh: 16 g, kJ: 468, kcal: 112

Kokosbananen am Stiel
(etwa 16 Stück)

Raffiniert

Zum Vorbereiten:

125 g Bananenchips (erhältlich im Reformhaus)

Für die Baisermasse:

3 Eiweiß (Größe M)
100 g Zucker
50 g gesiebter Puderzucker
100 g Kokosraspel
1 Pck. Dr. Oetker Finesse Geriebene Zitronenschale

Für den Guss:

220 g weiße Schokolade
10 g Kokosfett oder 1 EL Speiseöl, z. B. Sonnenblumenöl
evtl. gelbe Speisefarbe

bunte Zucker- oder Schokostreusel zum Bestreuen

Außerdem:

etwa 16 Holz-Essstäbchen

1 Zum Vorbereiten Chips mit einem Blitzhacker sehr fein hacken bzw. mahlen oder die Chips in einen Gefrierbeutel geben. Den Beutel verschließen und die Chips mit einer Teigrolle sehr fein zerbröseln.

2 Für die Baisermasse Eiweiß mit Handrührgerät mit Rührbesen auf höchster Stufe steif schlagen. Der Schnee muss so fest sein, dass ein Messerschnitt sichtbar bleibt. Zucker nach und nach kurz unterschlagen.

3 Puderzucker, Kokosraspel, Zitronenschale und Chipsbrösel zur Eischneemasse geben und unterheben.

4 Die Masse in einen Gefrierbeutel (3-Liter-Inhalt) füllen und eine Ecke (2,5–3 cm lang) abschneiden. Die Masse, mit Abstand und versetzt, in Bananenform (etwa 8 cm Länge) auf Backbleche (mit Backpapier belegt) spritzen. In jede Banane der Länge nach ein Essstäbchen schieben. Die Backbleche nacheinander (bei Heißluft zusammen) in den Backofen schieben.

Ober-/Unterhitze: etwa 150 °C (vorgeheizt)
Heißluft: etwa 130 °C (vorgeheizt)
Gas: Stufe 1–2 (vorgeheizt)
Backzeit: etwa 25 Minuten je Backblech.

5 Die Backbleche auf Kuchenroste stellen. Die Kokosbananen auf den Backblechen erkalten lassen.

6 Für den Guss Schokolade in Stücke brechen, mit Speisefarbe und Kokosfett oder Speiseöl in einem kleinen Topf im Wasserbad bei schwacher Hitze unter Rühren schmelzen.

7 Den Guss mit einem Pinsel von beiden Seiten auf das Gebäck streichen. Kokosbananen auf Backpapier legen, mit Zucker- oder Schokoladenstreuseln bestreuen. Guss trocknen lassen.

Zubereitungszeit: etwa 30 Minuten, ohne Abkühl- und Trockenzeit
Backzeit: etwa 25 Minuten je Backblech

Pro Stück:
E: 2 g, F: 11 g, Kh: 26 g, kJ: 888, kcal: 212

Gefüllte Waffeln am Stiel
(15 Stück)

Mit Nusskernen

Für den Rührteig:

150 g Butter oder Margarine
100 g Zucker
2 Pck. Dr. Oetker Vanillin-Zucker
3 Eier (Größe M)
175 g Weizenmehl
25 g Speisestärke
1 gestr. TL Dr. Oetker Backin
2 EL Schlagsahne

Für die Füllung:

175 g Nuss-Nougat
40 g abgezogene, gehackte Mandeln

Für den Guss:

150 g Vollmilch-Kuvertüre
1 EL Speiseöl

Außerdem:

15 Holzspatel oder -stäbchen

1 Für den Teig Butter oder Margarine mit Handrührgerät mit Rührbesen auf höchster Stufe geschmeidig rühren. Nach und nach Zucker und Vanillin-Zucker unterrühren. So lange rühren, bis eine gebundene Masse entstanden ist.

2 Eier nach und nach unterrühren (jedes Ei etwa ½ Minute). Mehl mit Speisestärke und Backpulver mischen, sieben und portionsweise abwechselnd mit der Schlagsahne auf mittlerer Stufe unterrühren.

3 Waffeleisen (Herzform) erhitzen und evtl. leicht fetten. Je Waffel 2–3 Esslöffel Teig in das Waffeleisen geben und etwas verteilen. Die Waffeln goldbraun backen, anschließend herausnehmen und auf einem Kuchenrost erkalten lassen. Der Teig ergibt 6 Waffeln.

4 Für die Füllung Nougat in einem kleinen Topf im Wasserbad bei schwacher Hitze geschmeidig rühren und Mandeln unterrühren. Die Waffeln in Herzen zerteilen. Auf die Hälfte der Waffelherzen je 1 gehäuften Teelöffel Nougatmasse geben und verteilen. Je einen Holzspatel oder ein Holzstäbchen darauf legen, mit je einem unbestrichenen Waffelherz bedecken und etwas andrücken. Die Waffeln am Stiel kalt stellen, bis die Nougatmasse fest geworden ist.

5 Für den Guss Kuvertüre mit Speiseöl im Wasserbad bei schwacher Hitze geschmeidig rühren. Je eine Waffel am Stiel mit der breiten Seite zu einem Drittel in die Kuvertüre tauchen und auf einem Kuchenrost fest werden lassen. Nach Belieben die Waffeln mit der restlichen Kuvertüre besprenkeln.

Tipp:

Statt Mandeln können auch gehackte Haselnusskerne verwendet werden.

Zubereitungszeit:
etwa 30 Minuten, ohne Abkühlzeit

Pro Stück:
E: 4 g, F: 18 g, Kh: 31 g, kJ: 1273, kcal: 305

Nougat-Spezial
(8 Stück) Einfach

Zum Vorbereiten:

70 g Nuss-Nougat
70 g Butter

Für den All-in-Teig:

30 g Hartweizengrieß
70 g gemahlene Haselnusskerne
50 g Weizenmehl
½ gestr. TL Dr. Oetker Backin
50 g Zucker
1 Pck. Dr. Oetker Vanillin-Zucker
1 Ei (Größe M)
1 Eigelb (Größe M)

Für den Guss:

100 g Zartbitterschokolade
100 g Nuss-Nougat

etwa 50 g Mini-Marshmallows

Außerdem:

8 Holzspatel

1 Zum Vorbereiten Nougat in kleine Stücke schneiden. Butter in einem kleinen Topf bei schwacher Hitze zerlassen. Topf von der Kochstelle nehmen. Nougatstücke unter Rühren darin zu einer geschmeidigen Masse verrühren. Masse abkühlen lassen.

2 Für den Teig Grieß mit gemahlenen Haselnusskernen, Mehl und Backpulver in einer Rührschüssel mischen. Zucker, Vanillin-Zucker, Ei, Eigelb und die lauwarme Butter-Nougat-Masse hinzufügen. Die Zutaten mit Handrührgerät mit Rührbesen zunächst kurz auf niedrigster, dann auf höchster Stufe in etwa 1 Minute zu einem glatten Teig verarbeiten.

3 Den Teig in eine Kucheneisform (8 Mulden, gefettet) geben und glatt streichen. Die Form auf dem Rost in den Backofen schieben.

Ober-/Unterhitze: etwa 180 °C (vorgeheizt)
Heißluft: etwa 160 °C (vorgeheizt)
Gas: Stufe 2–3 (vorgeheizt)
Backzeit: 15–20 Minuten.

4 Die Form auf einen Kuchenrost stellen. Das Gebäck etwa 5 Minuten abkühlen lassen, dann aus der Form lösen. Jeweils 1 Holzspatel waagerecht in ein Gebäckstück stecken, dann auf einen Kuchenrost legen und erkalten lassen. Evtl. überstehende Gebäckkanten mit einer Küchenschere abschneiden.

5 Für den Guss Schokolade in Stücke brechen. Nougat klein schneiden. Schokoladen- und Nougatstücke in einem kleinen Topf im Wasserbad bei schwacher Hitze unter Rühren schmelzen.

6 Jedes Gebäckstück von beiden Seiten mit dem Schoko-Nougat-Guss bestreichen, etwas antrocknen lassen und auf Backpapier legen. Dann die Marshmallows darauf drücken und den Guss vollständig trocknen lassen.

Tipp:

Große Marshmallows können Sie mit einer Küchenschere klein schneiden.

Zubereitungszeit: 30 Minuten, ohne Abkühl- und Trockenzeit
Backzeit: 15–20 Minuten

Pro Stück:
E: 5 g, F: 23 g, Kh: 40 g, kJ: 1639, kcal: 391

Bärentatzen
(etwa 24 Stück)

Für Kinder

Für den Rührteig:
80 g Butter oder Margarine
60 g Zucker
1 Pck. Dr. Oetker Vanillin-Zucker
1 Ei (Größe M)
80 g Weizenmehl
½ gestr. TL Dr. Oetker Backin
50 g abgezogene, gemahlene Mandeln

Zum Verzieren:
150 g weiße Kuvertüre
1 EL Speiseöl
etwa 30 g Zartbitterschokolade oder Halbbitter-Kuvertüre

Außerdem:
etwa 24 Holzspatel oder -stäbchen

1 Für den Rührteig Butter oder Margarine mit Handrührgerät mit Rührbesen auf höchster Stufe geschmeidig rühren. Nach und nach Zucker und Vanillin-Zucker unterrühren. So lange rühren, bis eine gebundene Masse entstanden ist.

2 Ei in etwa ½ Minute unterrühren. Mehl mit Backpulver mischen, sieben und auf mittlerer Stufe unterrühren.

3 Die Hälfte des Teiges in eine Bärentatzenformen (Verbundform mit 12 Mulden, gefettet) geben und glatt streichen. Die Form auf dem Rost in den Backofen schieben.

Ober-/Unterhitze: etwa 180 °C (vorgeheizt)
Heißluft: etwa 160 °C (vorgeheizt)
Gas: Stufe 2–3 (vorgeheizt)
Backzeit: etwa 12 Minuten.

4 Bärentatzen aus den Formen lösen und auf mit Backpapier belegte Kuchenroste legen. Etwas abkühlen lasssen. Jeweils einen Holzspatel oder ein Holzstäbchen waagerecht in den Teig schieben. Bärentatzen erkalten lassen. Den restlichen Teig ebenso verarbeiten.

5 Zum Verzieren weiße Kuvertüre in Stücke hacken, mit Speiseöl in einem kleinen Topf im Wasserbad bei schwacher Hitze unter Rühren schmelzen. Die Tatzen mit Hilfe eines Backpinsels dick mit weißer Kuvertüre überziehen. Tatzen auf Backpapier legen und trocknen lassen.

6 Schokolade oder Kuvertüre in Stücke brechen und wie zuvor beschrieben schmelzen. Schokolade in ein Pergamentpapiertütchen füllen, eine kleine Ecke abschneiden und „Krallen" auf die Bärentatzen spritzen. Trocknen lassen.

Zubereitungszeit: 30 Minuten, ohne Kühl- und Trockenzeit
Backzeit: etwa 12 Minuten je Form

Pro Stück
E: 2 g, F: 8 g, Kh: 9 g, kJ: 468, kcal: 112

Blüten am Stiel
(etwa 40 Stück)

Für Kinder

Für den Knetteig:
- 300 g Weizenmehl
- ½ gestr. TL Dr. Oetker Backin
- 100 g Zucker
- 1 Prise Salz
- ½ Pck. Dr. Oetker Finesse Orangenfrucht
- 1 Ei (Größe M)
- 150 g Butter oder Margarine
- 2 EL kalte Milch

Zum Bestreichen:
- 1 Eiweiß (Größe M)
- 1 TL Wasser

Zum Verzieren:
- 150 g gesiebter Puderzucker
- 1 EL Orangen- oder Zitronensaft
- 1–2 EL Orangenblütenwasser (Reformhaus, Feinkostabteilung der Kaufhäuser)
- rote Speisefarbe nach Belieben

Außerdem:
- 20 Holzspatel

1 Für den Knetteig Mehl mit Backpulver mischen und in eine Rührschüssel sieben. Zucker, Salz, Orangenfrucht, Ei, Butter oder Margarine und Milch hinzufügen. Die Zutaten mit Handrührgerät mit Knethaken zunächst kurz auf niedrigster, dann auf höchster Stufe gut durcharbeiten.

2 Anschließend auf der bemehlten Arbeitsfläche zu einem glatten Teig verkneten. Den Teig in Folie gewickelt mindestens 1 Stunde kalt stellen.

3 Die Hälfte des Teiges auf einer bemehlten Arbeitsfläche etwa 2 mm dick ausrollen. Mit einem Blütenausstecher Blüten (Ø etwa 6 cm) ausstechen und auf 2 Backbleche (mit Backpapier belegt) legen.

4 Zum Bestreichen Eiweiß mit Wasser verschlagen. Die Spatel etwa 2 cm mit Eiweiß bestreichen, dann auf jede Blüte den bestrichenen Spatel legen und andrücken. Blüten dünn mit Eiweiß bestreichen.

5 Restlichen Teig auf die gleiche Weise ausrollen und ausstechen. Die ausgestochenen Blüten auf die vorbereiteten Blüten legen und vorsichtig andrücken. Die Backbleche nacheinander (bei Heißluft zusammen) in den Backofen schieben.

Ober-/Unterhitze: etwa 200 °C (vorgeheizt)
Heißluft: etwa 180 °C (vorgeheizt)
Gas: Stufe 3–4 (vorgeheizt)
Backzeit: 10–15 Minuten je Backblech.

6 Die Backbleche auf Kuchenroste stellen und das Gebäck darauf erkalten lassen.

7 Für den Guss Puderzucker mit soviel Orangen- oder Zitronensaft und Orangenblütenwasser verrühren, dass eine dickflüssige Masse entsteht. Einen Teil des Gusses nach Belieben mit Speisefarbe einfärben. Den Guss in kleine Gefrierbeutel füllen, jeweils eine kleine Spitze abschneiden und die Blüten mit dem Guss verzieren. Guss trocknen lassen.

Zubereitungszeit: 40 Minuten, ohne Kühl- und Trockenzeit
Backzeit: 10–15 Minuten je Backblech

Pro Stück: E: 1 g, F: 3 g, Kh: 12 g, kJ: 345, kcal: 83

Tipp:
Das Orangenblütenwasser kann durch Orangen- oder Zitronensaft ersetzt werden.

Mokkabohnen am Stiel
(etwa 18 Stück)

Für Gäste

Für den Knetteig:
- 200 g Weizenmehl
- 2 gestr. EL Kakaopulver
- 50 g Speisestärke
- 1 Prise Salz
- 1 Pck. Dr. Oetker Vanillin-Zucker
- 10 g lösliches Espressopulver
- 130 g Zucker
- 1 Ei (Größe M)
- 150 g Butter oder Margarine

Für die Füllung:
- 12 Sahnetoffees Werther's Original

Nach Belieben:
- 1–2 gestr. TL Kakaopulver zum Bestäuben

Außerdem:
- 18 Holz-Essstäbchen

1 Für den Knetteig Mehl mit Kakao und Speisestärke mischen und in eine Rührschüssel sieben. Salz, Vanillin-Zucker, Espressopulver, Zucker, Ei und Butter oder Margarine hinzufügen. Die Zutaten mit Handrührgerät mit Knethaken zunächst kurz auf niedrigster, dann auf höchster Stufe gut durcharbeiten.

2 Anschließend auf einer bemehlten Arbeitsfläche zu einem glatten Teig verkneten und zu einer Rolle formen. Die Rolle in Frischhaltefolie gewickelt mindestens 1 Stunde kalt stellen.

3 Für die Füllung jedes Toffee quer in 3 Stücke schneiden, dabei evtl. das Messer anfeuchten.

4 Den Teig in 36 gleich große Scheiben schneiden. Jede Scheibe zu einer Kugel formen, in die Mitte ein Loch drücken und je ein Toffeestück hineindrücken, den Teig wieder zur Kugel schließen.

5 Jeweils 2 Kugeln hintereinander auf zwei Backbleche (mit Backpapier belegt) legen. Mit einem Messerrücken eine leichte Kerbe in die Kugeln drücken. Die Backbleche nacheinander (bei Heißluft zusammen) in den Backofen schieben.

Ober-/Unterhitze: etwa 180 °C (vorgeheizt)
Heißluft: etwa 160 °C (vorgeheizt)
Gas: Stufe 2–3 (vorgeheizt)
Backzeit: etwa 15 Minuten je Backblech.

6 Die Backbleche auf Kuchenroste stellen und die Mokkabohnen etwa 5 Minuten abkühlen lassen. Dann jeweils zwei hintereinander liegende Mokkabohnen waagerecht auf ein Essstäbchen stecken. Mokkabohnen am Stiel auf den Backblechen erkalten lassen und nach Belieben mit Kakaopulver bestäuben.

Zubereitungszeit: etwa 60 Minuten, ohne Kühlzeit
Backzeit: etwa 15 Minuten je Backblech

Pro Stück:
E: 2 g, F: 8 g, Kh: 23 g, kJ: 711, kcal: 170

Kuchen im Glas

Kuchen der etwas anderen Art, von denen man mehrere auf einmal backen kann.

Klassiker

Marmorkuchen

(3 Gläser je 750 ml Inhalt)

Für den Rührteig:

- 300 g Butter oder Margarine
- 275 g Zucker
- 1 Pck. Dr. Oetker Vanillin-Zucker
- 1 Prise Salz
- 5 Eier (Größe M)
- 375 g Weizenmehl
- 4 gestr. TL Dr. Oetker Backin
- etwa 3 Esslöffel Milch

Für den dunklen Teig:

- 20 g gesiebtes Kakaopulver
- 20 g Zucker
- 2–3 EL Milch

1 Für den Teig Butter oder Margarine mit Handrührgerät mit Rührbesen auf höchster Stufe geschmeidig rühren. Zucker, Vanillin-Zucker und Salz unterrühren, so lange rühren, bis eine gebundene Masse entstanden ist. Eier nach und nach (jedes Ei etwa ½ Minute) unterrühren.

2 Mehl mit Backpulver mischen, sieben und portionsweise abwechselnd mit der Milch auf mittlerer Stufe unterrühren (nur soviel Milch verwenden, dass der Teig schwer reißend vom Löffel fällt). Für den dunklen Teig ein Drittel des Teiges abnehmen und Kakaopulver, Zucker und Milch unterrühren (nur soviel Milch verwenden, dass der Teig schwer reißend vom Löffel fällt).

3 Die Gläser (gefettet, mit Semmelbröseln ausgestreut, siehe Ratgeberseiten 92/93) etwa zur Hälfte mit dem hellen Teig befüllen, darauf den dunklen Teig verteilen. Mit einer Gabel spiralförmig den Teig durchrühren, so dass eine Marmorierung entsteht. Glasränder säubern.

4 Den Rost im unteren Drittel in den Backofen schieben. Die Gläser auf den Rost stellen.

Ober-/Unterhitze: etwa 180 °C (vorgeheizt)
Heißluft: etwa 160 °C (vorgeheizt)
Gas: Stufe 2–3 (vorgeheizt)
Backzeit: etwa 65 Minuten.

5 Nach dem Backen ein Glas mit Topflappen aus dem Backofen nehmen und verschließen. Dazu den vorbereiteten feuchten Gummiring (siehe Ratgeberseiten 92/93) auf die Innenseite eines Glasdeckels legen. Das Glas sofort mit dem Deckel und 4 Klammern verschließen. Restliche Gläser auf die gleiche Weise verschließen. Nach jedem Glas, das aus dem Backofen genommen wird, den Backofen wieder schließen.

6 Die Gläser auf einem Kuchenrost vollständig erkalten lassen (am besten über Nacht), dann die Klammern lösen und die Gläser kühl aufbewahren.

Tipp:

Schneller geht es, wenn Sie den Teig aus einer Marmorkuchen-Backmischung zubereiten und den Teig in 4 Gläser (je 0,5 l Inhalt) füllen und wie ab Punkt 4 beschrieben weiterverarbeiten. Die Backzeit beträgt dann etwa 55 Minuten. Zum Servieren die Marmorkuchen mit einer dunklen Schokoladenglasur bestreichen und mit Borkenschokolade oder geschabten Schokolocken garnieren.

Zubereitungszeit: etwa 20 Minuten
Backzeit: etwa 65 Minuten
Haltbarkeit: etwa 2 Monate

Pro Glas:
E: 27 g, F: 101 g, Kh: 198 g,
kJ: 7636, kcal: 1825

Mandarinenkuchen Fruchtig

(3 Tulpen-Form-Gläser oder Sturz-Form-Gläser je 500 ml Inhalt)

1 Dose Mandarin-Orangen (Abtropfgewicht 175 g)

Für den Teig:

150 g Butter oder Margarine
100 g Zucker
1 Pck. Dr. Oetker Vanillin-Zucker
3 Eier (Größe M)
1 Pck. Dr. Oetker Finesse Orangenfrucht
225 g Weizenmehl
1 ½ gestr. TL Dr. Oetker Backin
100 g abgezogene, gemahlene Mandeln

1 Mandarinen in einem Sieb abtropfen lassen.

2 Für den Teig Butter oder Margarine mit Handrührgerät mit Rührbesen auf höchster Stufe geschmeidig Rühren. Zucker und Vanillin-Zucker unterrühren, so lange rühren, bis eine gebundene Masse entstanden ist.

3 Eier nach und nach (jedes Ei etwa ½ Minute) unterrühren. Mehl mit Backpulver mischen, sieben und in 2 Portionen auf mittlerer Stufe unterrühren. Gemahlene Mandeln und Mandarinen kurz mit Handrührgerät mit Rührbesen unterrühren.

4 Den Teig mit einem Esslöffel in die vorbereiteten Gläser (gefettet, mit gemahlenen Mandeln ausgestreut, siehe Ratgeberseiten 92/93) füllen. Glasränder säubern. Den Rost im unteren Drittel in den Backofen schieben. Die Gläser auf den Rost stellen.

Ober-/Unterhitze: etwa 180 °C (vorgeheizt)
Heißluft: etwa 160 °C (vorgeheizt)
Gas: Stufe 2–3 (vorgeheizt)
Backzeit: etwa 40 Minuten.

5 Nach dem Backen ein Glas mit Topflappen aus dem Backofen nehmen und verschließen. Dazu den vorbereiteten feuchten Gummiring (siehe Ratgeberseiten 92/93) auf die Innenseite eines Glasdeckels legen. Das Glas sofort mit dem Deckel und 4 Klammern verschließen. Restliche Gläser auf die gleiche Weise verschließen. Nach jedem Glas, das aus dem Backofen genommen wird, den Backofen wieder schließen.

6 Die Gläser auf einem Kuchenrost vollständig erkalten lassen (am besten über Nacht), dann die Klammern lösen und die Gläser kühl aufbewahren.

Tipp:
Nach Belieben können Sie die Kuchen nach dem Stürzen mit einem Guss, aus 40 g gesiebten Puderzucker und 1–2 Teelöffeln Mandarinensaft verrührt, verzieren. Streichen Sie zuerst etwa zwei Drittel des Gusses auf den Kuchen. Verrühren Sie eine Messerspitze Kakaopulver mit dem restlichen Guss und verzieren Sie die Oberfläche nach Belieben.

Zubereitungszeit: etwa 20 Minuten
Backzeit: etwa 40 Minuten
Haltbarkeit: etwa 1 Monat

Pro Glas:
E: 22 g, F: 73 g, Kh: 311 g, kJ: 4883, kcal: 1166

Schokinokuchen

Etwas Besonderes

(5 Sturz-Form-Gläser je 500 ml Inhalt)

Für den Schokinoteig:

280 g weiche Butter
140 g gesiebter Puderzucker
1 Pck. Dr. Oetker Vanillin-Zucker
1 Prise Salz
6 Eigelb (Größe M)
280 g Weizenmehl
1 Pck. Dr. Oetker Backin
6 Eiweiß (Größe M)
140 g Zucker
150 g grob gehackte Zartbitterschokolade (Kakaogehalt mindestens 60 %)

1 Für den Teig Butter mit Handrührgerät mit Rührbesen auf höchster Stufe geschmeidig rühren. Puderzucker und Vanillin-Zucker unterrühren, so lange rühren, bis eine gebundene Masse entstanden ist. Salz unterrühren.

2 Eigelb nach und nach (jedes Eigelb etwa ½ Minute) unterrühren. Mehl mit Backpulver mischen, sieben und in 2 Portionen auf mittlerer Stufe unterrühren, so dass ein glatter Teig entsteht. Eiweiß mit Zucker so steif schlagen, dass ein Messerschnitt sichtbar bleibt. Eiweißschnee unter den Teig heben. Gehackte Schokolade unterheben.

3 Den Teig mit einem Esslöffel in die vorbereiteten Gläser (gefettet, gemehlt, siehe Ratgeberseiten 92/93) füllen, darauf achten, dass die Gläser maximal nur bis zu zwei Dritteln mit Teig gefüllt sind. Glasränder säubern. Den Rost im unteren Drittel in den Backofen schieben. Die Gläser auf den Rost stellen.

Ober-/Unterhitze: etwa 180 °C (vorgeheizt)
Heißluft: etwa 160 °C (vorgeheizt)
Gas: Stufe 2–3 (vorgeheizt)
Backzeit: etwa 45 Minuten.

4 Nach dem Backen ein Glas mit Topflappen aus dem Backofen nehmen und verschließen. Dazu den vorbereiteten feuchten Gummiring (siehe Ratgeberseiten 92/93) auf die Innenseite eines Glasdeckels legen. Das Glas sofort mit dem Deckel und 4 Klammern verschließen. Restliche Gläser auf die gleiche Weise verschließen. Nach jedem Glas, das aus dem Backofen genommen wird, den Backofen wieder schließen.

5 Die Gläser auf einem Kuchenrost vollständig erkalten lassen (am besten über Nacht), dann die Klammern lösen und die Gläser kühl aufbewahren.

Tipp:

Rühren Sie noch 125 g getrocknete Cranberrys unter den Teig.
Sie können die Gläser auch im Wasserbad kochen und haltbar machen. Dazu eine Fettfangschale im unteren Drittel des vorgeheizten Backofens einschieben und etwa 3 cm hoch mit warmen Wasser füllen. Die Gläser mit Abstand nach Pkt. 3 in die Fettfangschale stellen. Bei Ober-/Unterhitze: etwa 180 °C oder Gas: Stufe 2–3 etwa 50 Minuten backen. Dann die Gläser mit Gummiringen, Deckeln und Klammern verschließen und die Fettfangschale wieder in den Backofen schieben. Bei Ober-/Unterhitze: etwa 120 °C oder Gas: etwa Stufe 1 die Gläser in etwa 25 Minuten haltbar machen. Gläser aus dem Wasserbad nehmen und erkalten lassen.

Zubereitungszeit: etwa 30 Minuten
Backzeit: etwa 45 Minuten
Haltbarkeit: etwa 2 Monate

Pro Glas:
E: 17 g, F: 67 g, Kh: 112 g, kJ: 4707, kcal: 1125

Brownie-Kuchen

Zum Verschenken

(6 Sturz-Form-Gläser je 160 ml Inhalt)

Für den Teig:

150 g Zartbitterschokolade (Kakaogehalt mindestens 60 %)
100 g Butter
60 g Zucker
1 Pck. Dr. Oetker Bourbon-Vanille-Zucker
2 Eier (Größe M)
80 g Weizenmehl
½ gestr. TL Dr. Oetker Backin
40 g grob gehackte Walnusskerne
40 g grob gehacke Cashewkerne
40 g grob gehackte weiße Schokolade

1 Für den Teig Schokolade in Stücke brechen. Schokoladenstücke mit Butter in einem Topf bei schwacher Hitze unter Rühren zu einer geschmeidigen Masse verrühren. Die Masse in eine Rührschüssel geben und erkalten lassen.

2 Zucker, Vanille-Zucker und Eier hinzufügen und mit einem Rührlöffel unterrühren. Mehl mit Backpulver mischen und sieben. Mehlgemisch in 2 Portionen unter die Schokoladenmasse rühren.

3 Nüsse und Schokolade unterheben. Den Teig mit einem Teelöffel in die Gläser (gefettet, gemehlt, siehe Ratgeberseiten 92/93) füllen. Glasränder säubern. Den Rost in der Mitte in den Backofen schieben. Die Gläser auf den Rost stellen.

Ober-/Unterhitze: etwa 180 °C (vorgeheizt)
Heißluft: etwa 160 °C (vorgeheizt)
Gas: Stufe 2–3 (vorgeheizt)
Backzeit: etwa 25 Minuten.

4 Nach dem Backen ein Glas mit Topflappen aus dem Backofen nehmen und verschließen. Dazu den vorbereiteten feuchten Gummiring (siehe Ratgeberseiten 92/93) auf die Innenseite eines Glasdeckels legen. Das Glas sofort mit dem Deckel und 4 Klammern verschließen. Restliche Gläser auf die gleiche Weise verschließen. Nach jedem Glas, das aus dem Backofen genommen wird, den Backofen wieder schließen.

5 Die Gläser auf einem Kuchenrost vollständig erkalten lassen (am besten über Nacht), dann die Klammern lösen und die Gläser kühl aufbewahren.

Tipp:

Die Kuchen vor dem Servieren mit einem Schokoladenguss überziehen.

Zubereitungszeit: etwa 30 Minuten, ohne Kühlzeit
Backzeit: etwa 25 Minuten
Haltbarkeit: etwa 2 Monate

Pro Glas:
E: 8 g, F: 33 g, Kh: 39 g, kJ: 2031, kcal: 486

Orangen- und Schokokuchen

Raffiniert

(2 Sturz-Form-Gläser je 750 ml Inhalt)

Für den Rührteig:

- 100 g Butter oder Margarine
- 100 g Zucker
- 1 Pck. Dr. Oetker Vanillin-Zucker
- 3 Eier (Größe M)
- 250 g Weizenmehl
- 2 gestr. TL Dr. Oetker Backin

Für den Orangenkuchenteig:

- 50 g gemahlene Erdnusskerne
- 50 g fein gewürfeltes Orangeat
- ½ Pck. Dr. Oetker Finesse Orangenfrucht
- 1 EL Orangensaft

Für den Schokokuchenteig:

- 50 g Zartbitter-Raspelschokolade
- 1 gestr. TL Kakaopulver
- 40 g Korinthen
- 2 EL Milch

Zubereitungszeit: 35 Minuten
Backzeit: etwa 60 Minuten
Haltbarkeit: etwa 2 Monate

Pro Orangenkuchen:
E: 38 g, F: 80 g, Kh: g, 266 kJ: 8176, kcal: 1954

Pro Schokokuchen:
E: 32 g, F: 87 g, Kh: 227 g, kJ: 7690, kcal: 1840

1 Für den Rührteig Butter oder Margarine mit Handrührgerät mit Rührbesen auf höchster Stufe geschmeidig rühren. Nach und nach Zucker und Vanillin-Zucker unterrühren. So lange rühren, bis eine gebundene Masse entstanden ist.

2 Eier nach und nach unterrühren (jedes Ei etwa ½ Minute). Mehl mit Backpulver mischen, sieben und in 2 Portionen kurz auf mittlerer Stufe unterrühren. Teig halbieren.

3 Für den Orangenkuchenteig Erdnusskerne, Orangeat, Orangenfrucht und -saft unter eine Hälfte des Teiges rühren. Den Teig mit einem Esslöffel in ein Glas (gefettet, gemehlt, siehe Ratgeberseiten 92/93) füllen.

4 Für den Schokokuchenteig Raspelschokolade mit Kakaopulver mischen, mit Korinthen und Milch unter den restlichen Teig rühren, ebenfalls in ein Glas (gefettet, gemehlt, siehe Ratgeberseiten 92/93) füllen.

5 Glasränder säubern. Den Rost im unteren Drittel in den Backofen schieben. Die Gläser auf den Rost stellen.

Ober-/Unterhitze: etwa 180 °C (vorgeheizt)
Heißluft: etwa 160 °C (vorgeheizt)
Gas: Stufe 2–3 (vorgeheizt)
Backzeit: etwa 60 Minuten.

6 Nach dem Backen ein Glas mit Topflappen aus dem Backofen nehmen und verschließen. Dazu den vorbereiteten feuchten Gummiring (siehe Ratgeberseiten 92/93) auf die Innenseite eines Glasdeckels legen. Das Glas sofort mit dem Deckel und 4 Klammern verschließen. Restliche Gläser auf die gleiche Weise verschließen. Nach jedem Glas, das aus dem Backofen genommen wird, den Backofen wieder schließen.

7 Die Gläser auf einem Kuchenrost vollständig erkalten lassen (am besten über Nacht), dann die Klammern lösen und die Gläser kühl aufbewahren.

Tipp:
Vor dem Servieren den Orangenkuchen mit einem Orangenguss und den Schokokuchen mit einem Schokoladenguss überziehen. Für den Orangenguss 75 g gesiebten Puderzucker mit etwa 1 Esslöffel Orangensaft verrühren und den Orangenkuchen damit überziehen.
Für den Schokoguss etwa 50 g Halbbitter-Kuvertüre in Stücke hacken, in einem kleinen Topf im Wasserbad bei schwacher Hitze geschmeidig rühren. Den Schokokuchen damit überziehen. Guss trocknen lassen.

Keks-Pudding-Kuchen

Für Kinder

(4 Sturz-Form-Gläser je 500 ml Inhalt)

125 g Mini-Schoko-Kekse

Für den Teig:

150 g Butter oder Margarine
100 g Zucker
3 Eier (Größe M)
250 g Weizenmehl
2 gestr. TL Dr. Oetker Backin
1 Pck. Trinkschokolade (25 g)
150 g Schokoladen-Sahne-Pudding aus dem Kühlregal

1 Von den Keksen 24 Stück beiseite legen. Die restlichen Kekse grob hacken.

2 Für den Teig Butter oder Margarine mit Handrührgerät mit Rührbesen auf höchster Stufe geschmeidig rühren. Zucker unterrühren, so lange rühren, bis eine gebundene Masse entstanden ist.

3 Eier nach und nach (jedes Ei etwa ½ Minute) unterrühren. Mehl mit Backpulver mischen, sieben und in 2 Portionen auf mittlerer Stufe unterrühren. Schokoladenpulver, Pudding und Keksbrösel nacheinander unterrühren.

4 Knapp einen Esslöffel von der Teigmasse in jedes Glas (gefettet, siehe Ratgeberseiten 92/93) füllen. Von den beiseite gelegten Keksen jeweils 6 in gleichmäßigem Abstand senkrecht, mit der Schokoladenseite nach innen, an die Gläserwände stellen und leicht in den Teig drücken, damit sie Halt haben.

5 Vorsichtig den Teig esslöffelweise in die Gläser füllen. Glasränder säubern. Den Rost im unteren Drittel in den Backofen schieben. Die Gläser auf den Rost stellen.

Ober-/Unterhitze: etwa 180 °C (vorgeheizt)
Heißluft: etwa 160 °C (vorgeheizt)
Gas: Stufe 2–3 (vorgeheizt)
Backzeit: etwa 40 Minuten.

6 Nach dem Backen ein Glas mit Topflappen aus dem Backofen nehmen und verschließen. Dazu den vorbereiteten feuchten Gummiring (siehe Ratgeberseiten 92/93) auf die Innenseite eines Glasdeckels legen. Das Glas sofort mit dem Deckel und 4 Klammern verschließen. Restliche Gläser auf die gleiche Weise verschließen. Nach jedem Glas, das aus dem Backofen genommen wird, den Backofen wieder schließen.

7 Die Gläser auf einem Kuchenrost vollständig erkalten lassen (am besten über Nacht), dann die Klammern lösen und die Gläser kühl aufbewahren.

Zubereitungszeit: etwa 30 Minuten
Backzeit: etwa 40 Minuten
Haltbarkeit: etwa 1 Monat

Pro Glas:
E: 16 g, F: 51 g, Kh: 97 g,
kJ: 3849, kcal: 920

Tipp:
Das Schokoladenpulver können Sie auch durch 15 g Kakaopulver vermischt mit 10 g Zucker ersetzen.
Servieren Sie die Kuchen in Scheiben geschnitten, mit Sahnetupfen und Mini-Schoko-Keksen garniert und Kakaopulver bestäubt.

Apfel-Minis

Für Kinder

(10 Sturz-Form-Gläser je 160 ml Inhalt oder 8 Sturz-Form-Gläser je 250 ml Inhalt)

- 2 Äpfel
- 2 EL Zitronensaft

Für den Teig:

- 250 g Weizenmehl
- 3 gestr. TL Dr. Oetker Backin
- 125 g Zucker
- 1 Pck. Dr. Oetker Vanillin-Zucker
- 2 Eier (Größe M)
- 75 ml Speiseöl, z. B. Sonnenblumenöl
- 125 ml (⅛ l) Buttermilch

1 Die Äpfel schälen, vierteln, entkernen, grob reiben und mit Zitronensaft beträufeln.

2 Für den Teig Mehl und Backpulver mischen, in eine Rührschüssel sieben. Zucker, Vanillin-Zucker, Eier, Öl und Buttermilch hinzufügen.

3 Die Zutaten mit Handrührgerät mit Knethaken zu einem glatten Teig verarbeiten, die Apfelraspel unterheben. Den Teig in die Gläser (gefettet, mit Semmelbröseln ausgestreut, siehe Ratgeberseiten 92/93) füllen, darauf achten, dass die Gläser maximal nur bis zu zwei Dritteln mit Teig gefüllt sind.

4 Glasränder säubern. Den Rost in der Mitte des Backofens einschieben. Die Gläser auf den Rost stellen.

Ober-/Unterhitze: etwa 180 °C (vorgeheizt)
Heißluft: etwa 160 °C (nicht vorgeheizt)
Gas: Stufe 2–3 (nicht vorgeheizt)
Backzeit: 30–40 Minuten.

5 Nach dem Backen ein Glas mit Topflappen aus dem Backofen nehmen und verschließen. Dazu den vorbereiteten feuchten Gummiring (siehe Ratgeberseiten 92/93) auf die Innenseite eines Glasdeckels legen. Das Glas sofort mit dem Deckel und 4 Klammern verschließen. Restliche Gläser auf die gleiche Weise verschließen. Nach jedem Glas, das aus dem Backofen genommen wird, den Backofen wieder schließen.

6 Die Gläser auf einem Kuchenrost vollständig erkalten lassen (am besten über Nacht), dann die Klammern lösen und die Gläser kühl aufbewahren.

Zubereitungszeit: etwa 25 Minuten
Backzeit: 30–40 Minuten
Haltbarkeit: etwa 1 Monat

Pro Glas:
E: 5 g, F: 10 g, Kh: 36 g, kJ: 1084, kcal: 259

Kaffee-Löffelbiskuit-Kuchen Mit Alkohol

(3 Sturz-Form-Gläser je 750 ml Inhalt)

Für die Kaffee-Biskuit-Masse:

- 200 g Löffelbiskuits
- 2 Pck. löslicher Bohnenkaffee (je 2 g)
- 100 ml heißes Wasser
- 1 EL Mandellikör oder Rum

Für den Teig:

- 175 g Butter oder Margarine
- 125 g Zucker
- 4 Eier (Größe M)
- 300 g Weizenmehl
- 3 gestr. TL Dr. Oetker Backin

1 Von den Löffelbiskuits 12 Stück beiseite legen. Für die Kaffee-Biskuit-Masse die restlichen Löffelbiskuits in einen Gefrierbeutel geben, diesen fest verschließen und die Löffelbiskuits mit einer Teigrolle fein zerbröseln. Die Brösel in eine Rührschüssel geben.

2 Löslichen Bohnenkaffee in dem heißen Wasser auflösen und mit dem Mandellikör oder Rum unter die Biskuitbrösel rühren.

3 Für den Teig Butter oder Margarine mit Handrührgerät mit Rührbesen auf höchster Stufe geschmeidig rühren. Zucker unterrühren, so lange rühren, bis eine gebundene Masse entstanden ist.

4 Eier nach und nach (jedes Ei etwa ½ Minute) unterrühren. Mehl mit Backpulver mischen, sieben und in 2 Portionen auf mittlerer Stufe unterrühren. Teigmasse in 2 Portionen teilen. Unter eine Teigportion die Kaffee-Biskuit-Masse rühren.

5 Knapp 1 Esslöffel von der Teigmasse in jedes vorbereitete Glas (gefettet, siehe Ratgeberseiten 92/93) füllen. Von den beiseite gelegten Löffelbiskuits jeweils 4 in gleichmäßigem Abstand senkrecht an die Gläserwände stellen und leicht in den Teig drücken, damit sie etwas Halt haben. Die Zuckerseite der Löffelbiskuits soll nach innen zum Teig zeigen.

6 Vorsichtig abwechselnd die beiden Teigmassen esslöffelweise in die Gläser füllen. Glasränder säubern. Den Rost im unteren Drittel in den Backofen schieben. Die Gläser auf den Rost stellen.

Ober-/Unterhitze: etwa 180 °C (vorgeheizt)
Heißluft: etwa 160 °C (vorgeheizt)
Gas: Stufe 2–3 (vorgeheizt)
Backzeit: etwa 50 Minuten.

7 Nach dem Backen ein Glas mit Topflappen aus dem Backofen nehmen und verschließen. Dazu den vorbereiteten feuchten Gummiring (siehe Ratgeberseiten 92/93) auf die Innenseite eines Glasdeckels legen. Das Glas sofort mit dem Deckel und 4 Klammern verschließen. Restliche Gläser auf die gleiche Weise verschließen. Nach jedem Glas, das aus dem Backofen genommen wird, den Backofen wieder schließen.

8 Die Gläser auf einem Kuchenrost vollständig erkalten lassen (am besten über Nacht), dann die Klammern lösen und die Gläser kühl aufbewahren.

Zubereitungszeit: etwa 30 Minuten
Backzeit: etwa 50 Minuten
Haltbarkeit: etwa 1 Monat

Pro Glas:
E: 28 g, F: 66 g, Kh: 163 g, kJ: 5756, kcal: 1375

Kleine feine Schokoladenkuchen

Zum Verschenken

(6 Sturz-Form-Gläser je 250 ml Inhalt)

Für den Teig:

150 g Zartbitterschokolade
150 g Butter oder Margarine
75 g Zucker
1 Pck. Dr. Oetker Vanillin-Zucker
1 Prise Salz
2 Eier (Größe M)
4 Eigelb (Größe M)
150 g Weizenmehl
10 g Kakaopulver
1 gestr. TL Dr. Oetker Backin
4 Eiweiß (Größe M)
75 g Zucker

1 Für den Teig Schokolade in Stücke brechen und in einem kleinen Topf im Wasserbad bei schwacher Hitze zu einer geschmeidigen Masse verrühren, etwas abkühlen lassen.

2 Butter oder Margarine mit Handrührgerät mit Rührbesen auf höchster Stufe geschmeidig rühren. Nach und nach Zucker, Vanillin-Zucker, Salz und die Schokoladenmasse unterrühren. So lange rühren, bis eine gebundene Masse entstanden ist.

3 Eier und Eigelb nach und nach unterrühren (jedes Ei bzw. Eigelb etwa ½ Minute). Mehl mit Kakao und Backpulver mischen, sieben und in 2 Portionen auf mittlerer Stufe unterrühren.

4 Eiweiß mit Zucker so steif schlagen, dass ein Messerschnitt sichtbar bleibt. Eischnee unter den Teig heben.

5 Den Teig mit einem Esslöffel in die vorbereiteten Gläser (gefettet, gemehlt, siehe Ratgeberseiten 92/93) füllen, darauf achten, dass die Gläser maximal nur bis zu zwei Dritteln mit Teig gefüllt sind. Glasränder säubern. Den Rost in der Mitte des Backofens einschieben. Die Gläser auf den Rost stellen.

Ober-/Unterhitze: etwa 180 °C (vorgeheizt)
Heißluft: etwa 160 °C (nicht vorg
Gas: Stufe 2–3 (nich vor
Backzeit: etwa 45

6 Nach de m. en nd versc eitet en Gummi r- seiter 93) n. e el s sofort dem Deckel u m äser auf die W ersch ch g d r schlie

7 sen (a o Nac mm ewa

Zubereitungszeit: etwa 30 Minuten, ohne Abkühlzeit
Backzeit: etwa 45 Minuten
Haltbarkeit: etwa 2 Monate

Pro Glas:
E: 12 g, F: 37 g, Kh: 57 g, kJ: 2561, kcal: 612

Mango-Streusel-Kuchen

Fruchtig

(4 Sturz-Form-Gläser je 500 ml Inhalt)

1 Mango

Für den Teig:

125 g Butter oder Margarine
125 g Zucker
2 Eier (Größe M)
200 g Weizenmehl
2 gestr. TL Dr. Oetker Backin
100 g abgezogene, gehobelte Mandeln

Für die Streusel:

75 g Weizenmehl
1 gestr. EL Kakaopulver
50 g Zucker
1 Pck. Dr. Oetker Bourbon-Vanille-Zucker
50 g weiche Butter

1 Mango halbieren und das Fruchtfleisch vom Stein schneiden. Mango schälen und 8 dünne Mangospalten vom Fruchtfleisch schneiden. Vom restlichen Fruchtfleisch 150 g abwiegen und pürieren.

2 Für den Teig Butter oder Margarine mit Handrührgerät mit Rührbesen auf höchster Stufe geschmeidig rühren. Zucker unterrühren, so lange rühren, bis eine gebundene Masse entstanden ist.

3 Eier nach und nach (jedes Ei etwa ½ Minute) unterrühren. Mehl mit Backpulver mischen, sieben und in 2 Portionen auf mittlerer Stufe unterrühren. Gehobelte Mandeln und Mangopüree unterrühren.

4 Knapp einen Esslöffel von der Teigmasse in jedes Glas (gefettet, siehe Ratgeberseiten 92/93) füllen. Von den Mangospalten senkrecht jeweils 2 Spalten gegenüber an die Glaswände stellen und leicht in den Teig drücken, damit sie Halt haben. Den Teig vorsichtig mit einem Esslöffel in die Gläser füllen.

5 Für die Streusel Mehl mit Kakao mischen und in eine Rührschüssel sieben. Zucker, Vanille-Zucker und Butter hinzufügen und mit Handrührgerät mit Rührbesen zu feinen Streuseln verarbeiten. Die Streusel auf dem Teig in den Gläsern verteilen. Glasränder säubern. Den Rost im unteren Drittel in den Backofen schieben. Die Gläser auf den Rost stellen.

Ober-/Unterhitze: etwa 180 °C (vorgeheizt)
Heißluft: etwa 160 °C (vorgeheizt)
Gas: Stufe 2–3 (vorgeheizt)
Backzeit: etwa 40 Minuten.

6 Nach dem Backen ein Glas mit Topflappen aus dem Backofen nehmen und verschließen. Dazu den vorbereiteten feuchten Gummiring (siehe Ratgeberseiten 92/93) auf die Innenseite eines Glasdeckels legen. Das Glas sofort mit dem Deckel und 4 Klammern verschließen. Restliche Gläser auf die gleiche Weise verschließen. Nach jedem Glas, das aus dem Backofen genommen wird, den Backofen wieder schließen.

7 Die Gläser auf einem Kuchenrost vollständig erkalten lassen (am besten über Nacht), dann die Klammern lösen und die Gläser kühl aufbewahren.

Tipp:
Zum Servieren die Kuchen mit Puderzucker bestäuben.

Zubereitungszeit: etwa 35 Minuten
Backzeit: etwa 40 Minuten
Haltbarkeit: etwa 1 Monat

Pro Glas:
E: 15 g, F: 56 g, Kh: 102 g, kJ: 4101, kcal: 980

Backen im Tontopf

Backen Sie zur Abwechslung Kuchen einmal in einer anderen Form und bringen Sie so Ihre Lieben zum Staunen.

Beliebt

Sahne-Karamell-Kuchen

(6 Rosen-Tontöpfe, Ø 7 cm, Höhe etwa 9 cm)

Zum Vorbereiten:

100 g Sahne Muh-Muhs (Milch Toffee)

Für den All-in-Teig:

175 g Weizenmehl
25 g Speisestärke
2 gestr. TL Dr. Oetker Backin
50 g Zucker
1 Ei (Größe M)
125 ml (⅛ l) Schlagsahne
100 g zerlassene, abgekühlte Margarine

Zum Belegen:

6 Stück Sahne Muh-Muhs (Milch-Toffee)

1 Zum Vorbereiten Sahne Muh-Muhs in kleine Stücke schneiden. Für den Teig Mehl mit Speisestärke und Backpulver mischen und in eine Rührschüssel sieben. Zucker, Ei, Sahne und Margarine hinzufügen. Die Zutaten mit Handrührgerät mit Rührbesen zunächst kurz auf niedrigster, dann auf höchster Stufe in etwa 2 Minuten zu einem glatten Teig verarbeiten.

2 Den Teig gleichmäßig in die vorbereiteten Tontöpfe (gewässert, mit Backpapier ausgelegt, siehe Ratgeberseiten 92/93) verteilen. Zum Belegen die Sahne-Muh-Muhs in je 4 Stücke schneiden und diese auf den Teig in den Tontöpfen legen.

3 Den Rost im unteren Drittel in den Backofen schieben. Tontöpfe auf den Rost stellen.

Ober-/Unterhitze: etwa 180 °C (vorgeheizt)
Heißluft: etwa 160 °C (vorgeheizt)
Gas: Stufe 2–3 (vorgeheizt)
Backzeit: etwa 35 Minuten.

4 Nach dem Backen die Kuchen etwa 15 Minuten in den Töpfen abkühlen lassen, dann mit dem Backpapier aus den Töpfen nehmen und auf einem mit Backpapier belegten Kuchenrost erkalten lassen. Backpapier entfernen.

Tipp:

Bestreichen Sie den Rand der Sahne-Karamell-Kuchen mit aufgelöster Vollmilchschokolade.

Zubereitungszeit: etwa 25 Minuten
Backzeit: etwa 35 Minuten

Pro Kuchen:
E: 5 g, F: 24 g, Kh: 52 g, kJ: 1855, kcal: 443

Rotweinkuchen
Mit Alkohol

(1 Glocken-Tontopf, Ø 17 cm, Höhe etwa 11,5 cm)

Für den Rührteig:
- 150 g Butter
- 80 g Zucker
- 3 Eier (Größe M)
- 175 g Weizenmehl
- 25 g Speisestärke
- 3 gestr. TL Dr. Oetker Backin
- 1 gestr. TL gemahlener Zimt
- 2 gestr. TL Kakaopulver
- 75 ml trockener Rotwein
- 75 g Zartbitter-Raspelschokolade
- 40 g abgezogene, gestiftelte Mandeln

Für den Guss:
- 40 g gesiebter Puderzucker
- 1–2 TL trockener Rotwein

Zum Bestreuen:
- 10 g abgezogene, gestiftelte Mandeln
- 1 EL Zartbitter-Raspelschokolade

Zubereitungszeit: etwa 30 Minuten, ohne Abkühlzeit
Backzeit: etwa 70 Minuten

Insgesamt:
E: 56 g, F: 195 g, Kh: 320 g, kJ: 13893, kcal: 3320

1 Für den Rührteig Butter mit Handrührgerät mit Rührbesen auf höchster Stufe geschmeidig rühren. Zucker unterrühren, so lange rühren, bis eine gebundene Masse entstanden ist.

2 Eier nach und nach unterrühren (jedes Ei etwa ½ Minute). Mehl mit Backpulver, Zimt und Kakao mischen, sieben und in 2 Portionen auf mittlerer Stufe unterrühren. Dann nacheinander Rotwein, Raspelschokolade und Mandeln unterrühren.

3 Den Teig in den vorbereiteten Tontopf (gewässert, mit Backpapier ausgelegt, siehe Ratgeberseiten 92/93) geben und glatt streichen.

4 Den Rost im unteren Drittel in den Backofen schieben. Den Tontopf auf den Rost stellen.

Ober-/Unterhitze: etwa 180 °C (vorgeheizt)
Heißluft: etwa 160 °C (vorgeheizt)
Gas: Stufe 2–3 (vorgeheizt)
Backzeit: etwa 70 Minuten, wenn der Kuchen zu stark bräunt, ihn nach 50–60 Minuten mit Backpapier abdecken.

5 Nach dem Backen den Kuchen etwa 15 Minuten im Topf abkühlen lassen, dann mit dem Backpapier aus dem Topf nehmen und auf einem mit Backpapier belegten Kuchenrost erkalten lassen. Backpapier entfernen.

6 Für den Guss Puderzucker mit soviel Rotwein verrühren, dass eine dickflüssige Masse entsteht. Die Kuchenoberfläche damit bestreichen. Den Guss nach Belieben an den Seiten herunter laufen lassen. Mit Mandeln und Raspelschokolade bestreuen, leicht andrücken. Guss trocknen lassen.

Einladung

Cranberry-Schnecken-Kuchen

Mit Alkohol

(6 Blumen-Tontöpfe, Ø 8–9 cm, Höhe etwa 8 cm)

Für den Quark-Öl-Teig:

- 300 g Weizenmehl
- 4 gestr. TL Dr. Oetker Backin
- 80 g Zucker
- 1 Pck. Dr. Oetker Vanillin-Zucker
- 75 ml Speiseöl, z. B. Sonnenblumenöl
- 75 ml Milch
- 150 g Magerquark

Für die Füllung:

- 100 g Marzipan-Rohmasse
- 40 g weiche Butter
- 30 g gesiebter Puderzucker
- 1 Ei (Größe M)
- 1 EL Maraschino oder Kirschwasser
- 125 g getrocknete Cranberries
- 50 g abgezogene, gehackte Mandeln

1 Für den Teig Mehl mit Backpulver mischen und in eine Rührschüssel sieben. Restliche Zutaten hinzufügen und mit Handrührgerät mit Knethaken erst kurz auf niedrigster, dann auf höchster Stufe zu einem glatten Teig verarbeiten.

2 Dann auf einer bemehlten Arbeitsfläche zu einer Rolle formen und zu einem Rechteck in der Größe von etwa 30 x 40 cm ausrollen.

3 Für die Füllung Marzipan in kleine Stücke schneiden oder grob raspeln. Marzipanstücke mit Butter, Puderzucker, Ei und Maraschino oder Kirschwasser verrühren und die Masse auf der Teigplatte verstreichen, mit Cranberries und Mandeln bestreuen.

4 Die Teigplatte von der längeren Seite her fest aufrollen und in 6 gleich große Scheiben schneiden. Jede Teigschnecke in einen vorbereiteten Tontopf (gewässert, mit Backpapier ausgelegt, siehe Ratgeberseiten 92/93) geben und etwas flach drücken.

5 Den Rost im unteren Drittel in den Backofen schieben. Die Tontöpfe auf den Rost stellen.

Ober-/Unterhitze: etwa 180 °C (vorgeheizt)
Heißluft: etwa 160 °C (vorgeheizt)
Gas: Stufe 2–3 (vorgeheizt)
Backzeit: etwa 40 Minuten.

6 Nach dem Backen die Kuchen etwa 15 Minuten in den Töpfen abkühlen lassen, dann mit dem Backpapier aus den Töpfen nehmen und auf einem mit Backpapier belegten Kuchenrost erkalten lassen. Backpapier entfernen.

Tipp:

Die Kuchenoberflächen sofort nach dem Backen mit 2 Esslöffeln rotem, einmal unter Rühren aufgekochtem Johannisbeergelee bestreichen.

Ersetzten Sie Maraschino oder Kirschwasser durch Orangensaft.

Die ausgekühlten Kuchen wieder in die Tontöpfe geben, hübsch verpacken und verschenken.

Zubereitungszeit: etwa 30 Minuten
Backzeit: etwa 40 Minuten

Pro Kuchen:
E: 14 g, F: 30 g, Kh: 80 g,
kJ: 2758, kcal: 658

Mohnkuchen

Klassiker – mit Alkohol

(1 Blumen-Tontopf, Ø 14–15 cm, Höhe etwa 14 cm)

Für den Teig:

125 g Butter
100 g Zucker
2 Eier (Größe M)
275 g Weizenmehl
3 gestr. TL Dr. Oetker Backin
250 g Mohnback
125 g Rum-Rosinen

etwas Puderzucker zum Bestäuben

1 Für den Teig Butter mit Handrührgerät mit Rührbesen auf höchster Stufe geschmeidig rühren. Zucker unterrühren, so lange rühren, bis eine gebundene Masse entstanden ist.

2 Eier nach und nach unterrühren (jedes Ei etwa ½ Minute). Mehl mit Backpulver mischen, sieben und in 2 Portionen auf mittlerer Stufe unterrühren. Nacheinander Mohnback und Rum-Rosinen unterheben.

3 Den Teig in den vorbereiteten Tontopf (gewässert, mit Backpapier ausgelegt, siehe Ratgeberseiten 92/93) geben und glatt streichen.

4 Den Rost im unteren Drittel in den Backofen schieben. Den Tontopf auf den Rost stellen.

Ober-/Unterhitze: etwa 180 °C (vorgeheizt)
Heißluft: etwa 160 °C (vorgeheizt)
Gas: Stufe 2–3 (vorgeheizt)
Backzeit: etwa 70 Minuten.

5 Nach dem Backen den Kuchen etwa 15 Minuten im Topf abkühlen lassen, dann mit dem Backpapier aus dem Topf nehmen und auf einem mit Backpapier belegten Kuchenrost erkalten lassen. Backpapier entfernen. Den Kuchen mit Puderzucker bestäuben.

Tipp:

Der Kuchen kann auch in 8 kleinen Tontöpfen (Ø 7–8 cm, Höhe etwa 6 cm) gebacken werden. Die Backzeit beträgt dann etwa 30 Minuten.
Sie können die Rum-Rosinen auch durch 100 g Rosinen, in Apfelsaft eingeweicht, ersetzten.

Zubereitungszeit: etwa 25 Minuten
Backzeit: etwa 70 Minuten

Insgesamt:
E: 66 g, F: 154 g, Kh: 460 g, kJ: 14749, kcal: 3522

Rosinen
Mohn

Kirsch-Frischkäse-Kuchen

Fruchtig

(1 Rosen-Tontopf, Ø 12 cm, Höhe etwa 12 cm)

1 Glas Schattenmorellen (Abtropfgewicht 175 g)

Für den Rührteig:

100 g Butter oder Margarine
100 g Zucker
1 Pck. Dr. Oetker Vanillin-Zucker
2 Eier (Größe M)
125 g Doppelrahm-Frischkäse
½ Pck. Dr. Oetker Finesse Geriebene Zitronenschale
200 g Weizenmehl
2 gestr. TL Dr. Oetker Backin

Für den Guss:

40 g gesiebter Puderzucker
1–2 TL Kirschsaft aus dem Glas

Puderzucker zum Bestäuben

1 Kirschen in einem Sieb abtropfen lassen, dabei den Saft auffangen. 12 Kirschen zum Garnieren beiseite legen.

2 Für den Teig Butter oder Margarine mit Handrührgerät mit Rührbesen auf höchster Stufe geschmeidig rühren. Zucker und Vanillin-Zucker unterrühren, so lange rühren, bis eine gebundene Masse entstanden ist.

3 Eier nach und nach unterrühren (jedes Ei etwa ½ Minute). Frischkäse und Zitronenschale unterrühren. Mehl mit Backpulver mischen, sieben und in 2 Portionen auf mittlerer Stufe unterrühren. Kirschen unterheben.

4 Den Teig in den vorbereiteten Tontopf (gewässert, mit Backpapier ausgelegt, siehe Ratgeberseiten 92/93) geben und glatt streichen.

5 Den Rost im unteren Drittel in den Backofen schieben. Den Tontopf auf den Rost stellen.

Ober-/Unterhitze: etwa 180 °C (vorgeheizt)
Heißluft: etwa 160 °C (vorgeheizt)
Gas: Stufe 2–3 (vorgeheizt)
Backzeit: etwa 65 Minuten.

6 Nach dem Backen den Kuchen etwa 15 Minuten im Topf abkühlen lassen, dann mit dem Backpapier aus dem Topf nehmen und auf einem mit Backpapier belegten Kuchenrost erkalten lassen. Backpapier entfernen.

7 Für den Guss Puderzucker mit soviel Saft verrühren, dass eine dickflüssige Masse entsteht. Guss in einen kleinen Gefrierbeutel füllen, eine kleine Ecke abschneiden und 12 größere Punkte auf die Kuchenoberfläche spritzen. Auf jeden Punkt eine beiseite gelegte Kirsche geben, diese leicht andrücken. Guss trocknen lassen und anschließend den Kuchen mit Puderzucker bestäuben.

Tipp:

Den Kuchen in Pergament- oder Backpapier verpackt verschenken.

Zubereitungszeit: etwa 35 Minuten, ohne Abkühl- und Trockenzeit
Backzeit: etwa 65 Minuten

Insgesamt:
E: 49 g, F: 137 g, Kh: 350 g, kJ: 11974, kcal: 2860

Eierlikörkuchen Mit Alkohol

(2 Blumen-Tontöpfe, Ø 12–13 cm, Höhe etwa 12 cm)

Für den Teig:

- 150 g Weizenmehl
- 100 g Speisestärke
- 3 gestr. TL Dr. Oetker Backin
- 150 g gesiebter Puderzucker
- 2 Pck. Dr. Oetker Vanillin-Zucker
- 4 Eier (Größe M)
- 150 ml Speiseöl, z. B. Sonnenblumenöl
- 150 ml Eierlikör

Für den Guss:

- 50 g gesiebter Puderzucker
- 3 TL Eierlikör
- 1 Msp. Kakaopulver

1 Für den Teig Mehl mit Speisestärke und Backpulver mischen und in eine Rührschüssel sieben. Puderzucker, Vanillin-Zucker, Eier, Speiseöl und Eierlikör hinzufügen und mit Handrührgerät mit Rührbesen zunächst kurz auf niedrigster, dann auf höchster Stufe in etwa 1 Minute zu einem glattten Teig verarbeiten.

2 Den Teig gleichmäßig in die vorbereiteten Tontöpfe (gewässert, mit Backpapier ausgelegt, siehe Ratgeberseiten 92/93) verteilen.

3 Die Tontöpfe auf dem Rost im unteren Drittel in den Backofen schieben.

Ober-/Unterhitze: etwa 180 °C (vorgeheizt)
Heißluft: etwa 160 °C (vorgeheizt)
Gas: Stufe 2–3 (vorgeheizt)
Backzeit: etwa 60 Minuten.

4 Nach dem Backen die Kuchen etwa 15 Minuten in den Töpfen abkühlen lassen, dann mit dem Backpapier aus den Töpfen nehmen und auf einem mit Backpapier belegten Kuchenrost erkalten lassen. Backpapier entfernen.

5 Für den Guss Puderzucker mit Eierlikör verrühren. Etwa zwei Drittel des Gusses mithilfe eines Teelöffels auf die Kuchenoberflächen kleckseln. Kakao unter den restlichen Guss rühren und ebenfalls auf die Kuchenoberflächen kleckseln. Guss trocknen lassen.

Zubereitungszeit: etwa 30 Minuten. ohne Abkühl- und Trockenzeit
Backzeit: etwa 60 Minuten

Pro Kuchen:
E: 25 g, F: 94 g, Kh: 228 g, kJ: 8078, kcal: 1930

Backen am Stiel

Holzspatel bekommen Sie als Mund-Holzspatel in der Apotheke. Holzstäbchen und Holz-Rührstäbchen gibt es unter anderem in Coffee-Shops und von verschiedenen Anbietern im Internet. Einfache Holz-Essstäbchen gibt es in Haushaltswaren- oder Spezialitätenabteilungen von Supermärkten.
Die Kucheneisform wird von der Firma Zenker (GAM Patisserie GmbH & Co. KG, Obernbacher Weg 4, D-86551 Aichach, Telefon: 0 82 51/90 03-0) hergestellt, die auch eine Nachbestellung der zur Form gehörigen Holzstäbchen anbietet (siehe Foto links).
Die Holzstiele sollten mindestens bis zur Mitte in die Gebäckstücke geschoben werden, damit die Kuchen am Stiel ausreichend Halt bekommen.

Backen im Glas

Einmachgläser mit entsprechenden Gummiringen, Glasdeckeln und Klammern gibt es zur Einmachzeit (Mai bis Oktober) in Supermärkten und Haushaltswarengeschäften. Sie können die Gläser aber auch direkt von der Firma Weck beziehen (J. Weck GmbH & Co. KG, Weckstraße, 79664 Wehr-Öflingen, Telefon: 0 77 61/9 35 82, oder im Internet unter www.weck.de). Außerdem erhalten Sie Einmachgläser auch über den Versandhandel „Gläser und Flaschen“, Inh. S. Baumeister, Altonaer Str. 85–99, 13581 Berlin, im Internet unter www.glaeserundflaschen.de oder Telefon: 0 30/34 34 95 96.

Vorbereiten der Gläser:

Vor jedem Gebrauch die Gläser und Deckel gründlich in heißem Wasser unter Zusatz eines Spülmittels reinigen. Danach die Gläser und Deckel mit klarem Wasser spülen und mit einem Geschirrhandtuch abtrocknen.
Die Gummiringe in einer Schüssel mit kaltem Wasser einweichen.
Die Gläser bis etwa 2 cm unter dem Rand mit streichfähigem Fett (z. B. Margarine, kein Öl) ausstreichen und dann je nach Rezept mehlen oder mit Semmelbröseln ausstreuen.
Die Gläser dürfen nur bis etwa zur Hälfte (z. B. Hefeteig) bzw. zu maximal zwei Dritteln (z. B. Rührteig) mit Teig gefüllt werden, damit der Teig beim Backen ausreichend hoch backen kann und die Gläser mit den Deckeln verschlossen werden können.
Nach dem Einfüllen des Teiges in die Gläser müssen die Glasränder gesäubert werden, damit diese fettfrei sind. Nur so können die Gläser nach dem Backen fest verschlossen werden.

Verschließen der Gläser:

Nach der angegebenen Backzeit ist es wichtig eine Garprobe zu machen. Dazu mit einem Holzstäbchen nach der angegebenen Backzeit in den Kuchen stechen. Ist das Hölzchen trocken und haftet kein Teig daran, ist der Kuchen durchgebacken. Dann ein Glas mit Topflappen aus dem Backofen nehmen. Den Backofen wieder schließen und das Glas sofort verschließen.

Der nasse Gummiring wird dazu auf die Innenseite eines Glasdeckels und dieser auf das Glas gelegt. Den Deckel mit Klammern fixieren.
Erst nachdem die Gläser vollständig auf einem Kuchenrost erkaltet sind, können die Klammern entfernt und überprüft werden, ob die Gläser fest verschlossen sind. Sollte im Ausnahmefall ein Glas nicht verschlossen sein, muss der Kuchen innerhalb von 1–2 Tagen verzehrt werden.
Wenn ein Glas nach einer längeren Lagerung offen ist, ist es aus gesundheitlichen Gründen sicherer, den Kuchen zu entsorgen.

Vor dem Servieren:

Zum Öffnen der Gläser an der Zuglasche der Gummiringe ziehen, dabei ist ein leichtes Zischen zu hören. Nach dem Öffnen der Gläser werden die Kuchen mit einem spitzen Messer vom Rand gelöst, gestürzt und nach Belieben oder wie im jeweiligen Rezept beschrieben verziert.

Backen im Tontopf

Vor dem Gebrauch müssen die Tontöpfe gründlich gereinigt bzw. gewässert werden und das Backpapier muss für die verschiedenen Tontopfgrößen und -formen zugeschnitten werden.

Vor dem ersten Gebrauch:

Wenn Sie die unbenutzen Tontöpfe zum ersten Mal verwenden, müssen diese mit kochendem Wasser übergossen werden, damit Staub und kleine Tonpartikelchen entfernt werden. Dazu die Tontöpfe in eine große Schüssel oder die Spüle stellen und mit kochendem Wasser übergießen. Ist das Wasser abgekühlt, die Töpfe herausnehmen.

Vorbereiten der Tontöpfe:

Die Tontöpfe müssen immer mit Backpapier ausgelegt werden. Dazu das Backpapier um den Topf legen und das Papier so zuschneiden, dass am oberen Rand etwa 1 cm übersteht (siehe Foto rechts). Aus dem restlichen Papier einen Kreis in Bodengröße ausschneiden.

Vor jedem Gebrauch:

Die Tontöpfe vor jedem Gebrauch mindestens 10 Minuten wässern. Am besten die Tontöpfe vor der Teigzubereitung ins Wasser stellen. Wenn der Teig fertig ist, die Tontöpfe aus dem Wasser nehmen, abtropfen lassen und mit dem vorbereiteten Backpapier auslegen.

Nach dem Backen:

Die Kuchen etwa 15 Minuten im Topf abkühlen lassen, damit sie, bei der kleinen Bodenfläche, die notwendige Stabilität bekommen. Erst dann die Kuchen aus den Töpfen stürzen.

Nach dem Gebrauch:

Tontöpfe mit heißem Wasser und etwas Spülmittel reinigen, mit klarem Wasser ausspülen, trocknen lassen, an einem trockenen Ort aufbewahren.

Themenregister

Kuchen mit Nüssen und Mandeln

Kuchen mit Früchten

Kuchen mit Kakao und Schokolade

Kuchen mit Alkohol

Gewürzkuchen

Alphabetisches Register

Umwelthinweis Dieses Buch und der Einband wurden auf chlorfrei gebleichtem Papier gedruckt. Die Einschrumpffolie – zum Schutz vor Verschmutzung – ist aus umweltfreundlichem und recyclingfähigem PE-Material.

Wenn Sie Anregungen, Vorschläge oder Fragen zu unseren Büchern haben, rufen Sie uns unter folgender Nummer an 0521 155-2580 oder 520645 oder schreiben Sie uns:
Dr. Oetker Verlag KG, Am Bach 11, 33602 Bielefeld
oder besuchen Sie uns im Internet unter www.oetker.de.

Wir danken für die freundliche Unterstützung
Nestlé Deutschland, Frankfurt/Main
August Storck, Berlin
Alfred Vest, Hamburg
Weck, Wehr-Öflingen
Zenker, Aichach

Redaktion Andrea Gloß

Titelfoto Thomas Diercks, Hamburg

Innenfotos Thomas Diercks, Kai Boxhammer, Hamburg (S. 4–49, 53–63, 67–93)
Dr. Oetker, Villach, Österreich (S. 65)
Brigitte Wegner, Bielefeld (S. 51)

Rezeptentwicklung und Foodstyling Eike Upmeier-Lorenz, Hamburg
Anke Rabeler, Berlin

Rezeptberatung Mechthild Plogmaker, Dr. Oetker Versuchsküche, Bielefeld
Sabine Lange, Oetzen

Nährwertberechnungen Nutri Service, Hennef

Grafisches Konzept M·D·H Haselhorst, Bielefeld
Gestaltung M·D·H Haselhorst, Bielefeld
Titelgestaltung kontur:design, Bielefeld

Reproduktionen Kruse Reproduktionen, Vreden
Satz Typografika, Bielefeld
Druck und Bindung Appl Druck & Co. KG, Wemding

ISBN 3-7670-0828-9

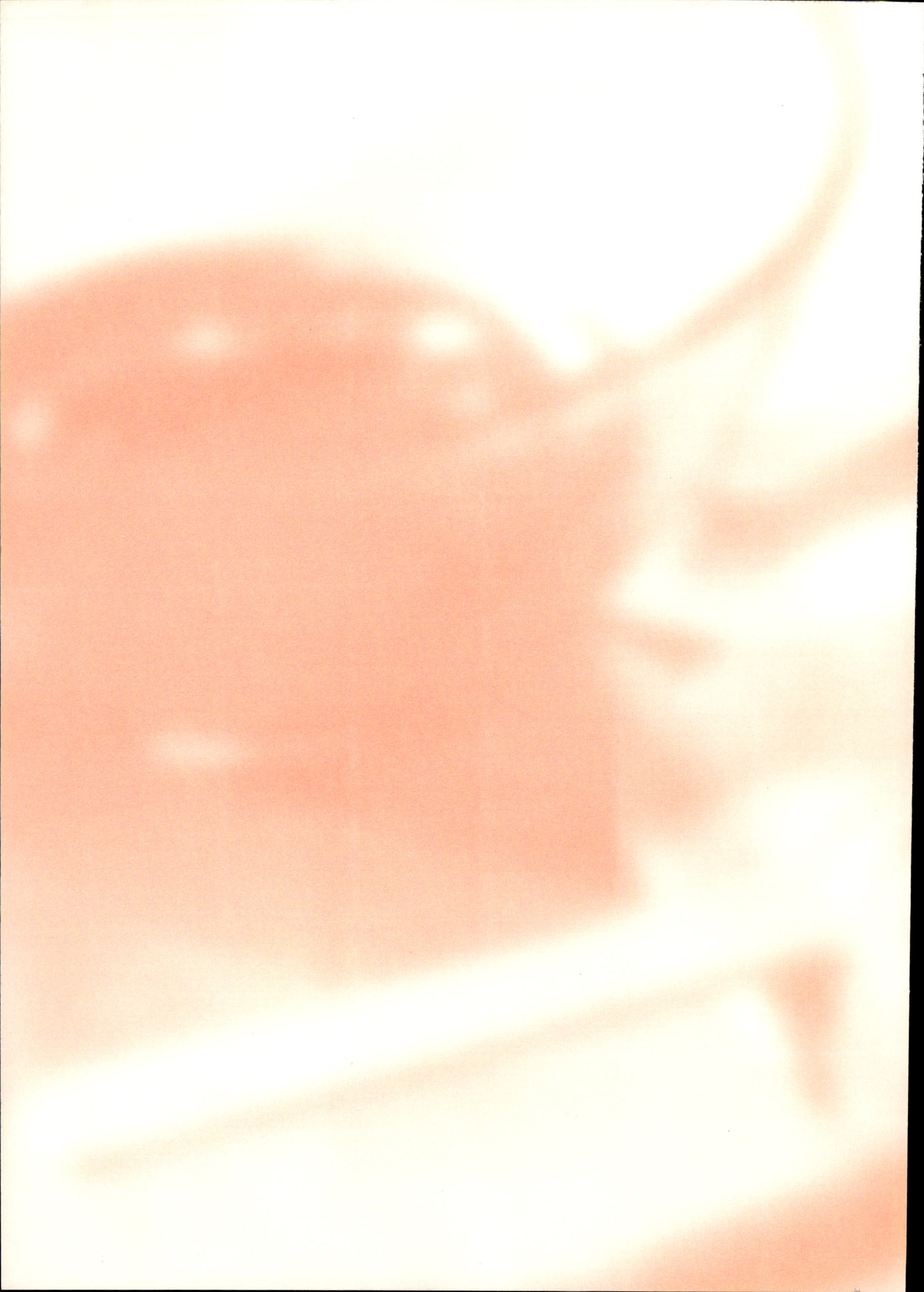